石经研究

（第六辑）

房山石经博物馆
房山石经与云居寺文化研究中心 编

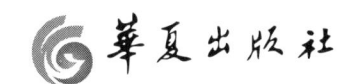

华夏出版社

《石经研究》编辑委员会

主　任

罗　炤

副主任

孙英民　谢　飞　赖　非

赵力光　杨海峰　王德军

委　员

Lewis Lancaster　Lothar Ledderose

Robert Harrist　Солонин Кирилл

王　毅　王金华　手岛一真　气贺泽保规

龙达瑞　叶少勇　北岛信一　刘淑芬　尕藏加

孙　华　李良松　李裕群　朱越利　杨亦武

吴元真　吴梦麟　张　总　张天虹　张永强

胡新立　桐谷征一　黄克忠　蔡穗玲　魏广平

特约编辑

王　宇

目　　录

藏汉合璧《圣胜慧到彼岸功德宝集偈》经叶图版及汉文录文 …………… 云居寺文物管理处

房山石经与云居寺文化研究中心（ 1 ）

藏汉合璧《圣胜慧到彼岸功德宝集偈》影印出版后记 ……………………………… 罗　炤（ 98 ）

《风峪华严石经》流散拓片录文校注 ………………………………………… 贺　铭　王　宇（103）

乡宁马壁峪秦王庙唐摩崖刻经考 …………………………………………………… 刘　勇（149）

房山云居寺赵孟頫题刻残石考略 …………………………………………………… 魏　来（170）

民国时期的云居寺与房山石经 ……………………………………………………… 刘　军（195）

附录：《石经研究》投稿要求及撰稿体例 ……………………………………………………（211）

藏汉合璧
《圣胜慧到彼岸功德宝集偈》
经叶图版与汉文录文

云 居 寺 文 物 管 理 处
房山石经与云居寺文化研究中心

《圣胜慧到彼岸功德宝集偈》，藏汉文合璧形式，明朝正统十二年（1447年）刊印。本文第一次将该经图版公之于世，并录汉文经文供读者对照诵读和深入研习。发现者罗炤另撰《藏汉合璧〈圣胜慧到彼岸功德宝集偈〉影印出版后记》一文，略述近年来关于此经研究的一些思考。

一、《圣胜慧到彼岸功德宝集偈》的发现、形式和录文用字

1981年3月，罗炤先生在北京市房山县云居寺文物保管所所藏两万多卷明朝佛经（原藏该县上方山藏经楼）中第一次发现《宝集偈》，后撰《考略》一文刊发于1983年第4期《世界宗教研究》，当时未公开经叶图版照片，仅对卷子形式做了简要描述：

……外以黄绵纸包卷，上盖"般若经"三个汉字朱红木记。经文以白色桑皮纸印制，朱红版，共四十八叶，叶高42厘米、宽30.5厘米，均为单叶，版心刊叶码。以梵夹形式刊印，每行两句，每句十一字，四行为一段。每叶有两段、八行、十六句者，有四段、十六行、三十二句者。藏译文在上，汉译文在下。经文皆自左至右横行刻印，唯首叶"题记"、尾叶"跋"竖行刻印，且只有汉文，没有藏文对译。首叶上部刊印说法图一帧，线条流畅，刻工精细。尾叶上部刊印密宗护法像三身，与杭州的元代密宗造像风格相近。

此次与图版对照附载的汉文简化字录文，是在罗炤先生《考略》所附录文的基础上再次校勘而成。经版使用的异形字、异体字、俗写字、通假字、古今字等明确者，录文直接使用规范简化正字，如"卷属"迳改为"眷属"。两歧字形择其符合经义者，如《福德名数品第五》"如人餐饮离毒甘美之食味"之"離"与"雜"混写，定为"离"；《常啼品第三十》"即懈怠者损坏精进到彼岸"之"進"与"造"混写，定为"进"。个别字形保留原写法，如"梵筴"之"筴"等。

二、《圣胜慧到彼岸功德宝集偈》经叶图版与汉文录文格式说明

以下双面是经叶图版，单面对应汉文录文。

题记、序言用仿宋字，后跋用楷体字，正文用宋体字；品题设置为标题，经叶序号、字下提示读音的"引"字不录，录文保留图版版式，空行照排以便对照。题记、序、跋沿用《考略》标点符号，经文正文不加标点或校注。方括号〔……〕内的文字，为《考略》录文原有说明。

限于专业能力和出版条件，本文先行录出此经的汉文，藏文录文暂付阙如，敬请谅解。

恭皇帝	懿睦謀磨智制義	奉天顯道耀武宣文神	提點波羅卧顯勝沙門	功賢德點覺司正偏	執門梵本也	功德司正講義	顯密笠吃哩沙門	賞則義卧法	演噥嚩法師弥怛	使顯寶審源法師	則院沙並偏門	詮教法師 鮮 三
再詳勘	去邪博	大論	都律	證義	阿噥難慧	講經律明	梵怛五	譯謁阿難噥	讚沙功德訛		祖提點噥美學

藏汉合璧《圣胜慧到彼岸功德宝集偈》经叶图版及汉文录文

〔西夏题记〕

诠教法师、番汉三学院并偏袒提点、嚷美则沙门、鲜卑宝源汉译；

显密法师、功德司副使、嚷卧英沙门……〔此处原刊本文字可能有脱略。〕

演义法师、路赞讹、嚷赏则沙门、遏啊难捺吃哩底梵译；

天竺大钵弥怛、五明显密国师、讲经律论、功德司正、嚷乃将沙门、嘚也阿难嗦亲执梵本证义；

贤觉帝师、讲经律论、功德司正、偏袒都大提点、嚷卧勒沙门、波罗显胜；

奉天显道耀武宣文神谋睿智制义去邪惇睦懿恭皇帝　再详勘。

〔正　文〕

梵言啊呤拽不啰嘿钵啰弥怛啰捺蛾能珊拶夜遏达捺麻

此云《圣胜慧到彼岸功德宝集偈》卷上　敬礼童真圣妙吉祥

圣胜慧到彼岸功德宝集偈一切种智行品第一

尔时世尊为诸围绕四众实令欢喜故，

重示此胜慧到彼岸，即说偈言：（续第9页）

正統丁卯歲重刊寶集偈序

聖勝慧到彼岸功德寶集偈三十二品以菩
提之智勇識照破五蘊一切諸法我與無我
真如自性自相皆空直以壞相而為宗躰
其諸偈頌似日之明若牟尼珠之價無比
猶堅固船舫之越愛河苦海拔濟羣生
俱到彼岸具大饒益為用寶乃
秘密中修習之根本者也昔曾譯傳于世今

前序

伏蒙我皇明制授弘通妙戒普慧善
應慈濟輔國闡教灌頂淨覺西天
佛子大國師班冊卻釋巴藏卜夙承願力紹繼
一代上師之位弘揚治化禪餘之暇重將梵

〔明正统十二年道深序〕

正统丁卯岁重刊《宝集偈》序

《圣胜慧到彼岸功德宝集偈》三十二品，以菩提之智勇识，照破五蕴、一切诸法、我与无我、真如、自性、自相皆空，直以坏相而为宗体。其诸偈颂，似日之明，若牟尼珠之价无比，犹坚固船舫之越爱河、苦海，拔济群生，俱到彼岸，具大饶益为用，实乃秘密中修习之根本者也。昔尝译传于世。今伏蒙我皇明制授"弘通妙戒普慧善应慈济辅国阐教灌顶净觉西天佛子大国师"班丹劄释巴藏卜，凤承愿力，绍继一代上师之位，羽翊治化，禅余之暇，重将梵

篆校証其完卜清心戒行國師班卓巴藏卜之徒剌麻也釋巴
思叨嚴訓昊天罔極而無補報遂命工繡梓
以廣流通仰祝聖壽萬安仰荅法尊上師及本尊尚
師法乳厚恩仰遍刹塵若幽若顯
若見若聞隨喜讀誦供養者即滅無邊罪障
增長無邊福利頓悟如幻三昧而成正覺矣
予嘉其年少肯慕最上大乗之學而又
喜見所謂若建善逝七寶塔廟如恒河

前序二

沙數滿千俱胝世界不及以此勝冊書
寫刊印流行福德之一分耳足知其以此功德報
恩則無恩不報也謹為之序大明正統十二年四月八日
承旨講經兼賜寶藏圓融顯密宗師播陽道深譔

筴校证。其完卜"清心戒行国师"班卓巴藏卜之徒剌麻也释巴思叨严训，昊天罔极，而无补报，遂命工绣梓，以广流通。仰祝圣寿万安，仰答法尊上师及本尊尚师法乳厚恩，仰遍刹尘、若幽若显、若见若闻、随喜读诵供养者，即灭无边罪障，增长无边福利，顿悟如幻三昧而成正觉矣。予嘉其年少，肯慕最上大乘之学，而又喜见所谓"若建善逝七宝塔庙如恒河沙数、满千俱胝世界，不及以此胜册书写刊印流行福德之一分耳"。足知其以此功德报恩，则无恩不报也。谨为之序。大明正统十二年四月八日承旨讲经、兼赐宝藏圆融显密宗师播阳道深撰。

ཞེས་དང་གུས་དང་དད་བཅས་མངོན་དུ་གནས་པའི་ཚེ། །	སྒྲིབ་པ་ཉོན་མོངས་ལས་འདས་གནས་ངན་ལེན་པའི་ནང་། །
以最勝喜敬信現前安住時	蠲除煩惱超出障蓋垢染中
ཕན་དང་བདེ་འདོད་ཤེས་རབ་ཕ་རོལ་ཕྱིན་ཞུགས་ཤིང་། །	དེ་དག་དཔའ་བོ་སྤྱོད་པ་རྣམས་ཀྱི་ལེགས་པར་ཉོན། །
正入利生欣妙勝慧到彼岸	於彼諸有勇猛所行應諦聽
འཛམ་བུའི་གླིང་དུ་ཆུ་བོ་ཀུན་ཀྱང་འབབ་པ་དག །	མེ་ཏོག་འབྲས་བུ་སྨན་དང་ནགས་ཚལ་རྒྱས་པ་རྣམས། །
於贍部洲所流一切江河永	諸有花菓藥草藂林繁茂者
ཀུན་ཀྱང་ཀླུ་རྒྱལ་ཀླུ་བདག་མཚོ་མ་དྲོས་གནས་སྟོབས། །	དེ་ཉིད་ཀླུ་བདག་དེ་ཡི་མཐུ་སྟོབས་ཡིན་ནོ། །
皆因龍王龍主安住無熱池	此即是彼龍主威神力所致
རྒྱལ་བའི་ཉན་ཐོས་སློབ་པ་སྟོན་ལ་ཆོས་སྣ་ཚོགས། །	ལེགས་པར་འཆད་དང་རིགས་པ་དང་ནི་འབྲེལ་པ་དག །
勝勢弟子聲聞開示種種法	善能演說及與正理所相應
དེ་དག་འཕགས་པའི་བདེ་བའི་འབྲས་བུ་ཐོབ་བྱེད་པ། །	དེ་ཡང་ཐམས་ཅད་དེ་བཞིན་གཤེགས་པའི་མཐུ་ཡིན་ནོ། །
令彼獲得至聖安樂之果者	彼亦皆是如來大師威神力
ཅི་ཕྱིར་དེ་ལྟར་སྟོན་པའི་བཀའ་སྨྲ་ནུས་པ་དག །	དེ་ལ་སློབ་མ་དམ་པ་བརྟེན་ནས་རང་གིས་བསླབས། །
云何如是諸有能說世尊教	於彼上士弟子依之親已學
ཇི་ལྟར་རང་རྟོགས་བསླབས་པའི་ཆོས་རྣམས་གཞན་ལ་སྨྲ། །	སངས་རྒྱས་མཐུ་ཡིན་ཀུན་ཏུ་སོ་སོའི་ནུས་པ་མིན། །
如自所證所學之法為他說	是佛神力皆非自己之所能

（接第 3 页）

以最胜喜敬信现前安住时　　蠲除烦恼超出障盖垢染中

正入利生欣妙胜慧到彼岸　　于彼诸有勇猛所行应谛听

于瞻部洲所流一切江河水　　诸有花果药草丛林繁茂者

皆因龙王龙主安住无热池　　此即是彼龙主威神力所致

胜势弟子声闻开示种种法　　善能演说及与正理所相应

令彼获得至圣安乐之果者　　彼亦皆是如来大师威神力

云何如是诸有能说世尊教　　于彼上士弟子依之亲己学

如自所证所学之法为他说　　是佛神力皆非自己之所能

གང་ལ་ཤེས་རབ་ཕ་རོལ་ཕྱིན་མཆོག་མི་དམིགས་ཤིང་། །

若於最上勝慧彼岸無所緣

དེ་སྐད་ཐོས་ནས་མི་ཤེས་སྐྲག་པ་མེད་པར་འགྱུར། །

如是聞已無無知者不驚懼

གཟུགས་མེད་ཚོར་བ་མེད་ཅིང་འདུ་ཤེས་འདུ་བྱེད་རྣམ་ཤེས་མེད། །

無色無受亦復無想及行識

ཆོས་རྣམས་ལ་ནི་གནས་པ་མེད་པ་དམིགས་མེད་སྤྱོད། །

即於諸法不住是名無慮行

དཔེར་ན་དགེ་སྦྱོང་ཐབས་ལ་ཞུགས་པའི་ཀུན་སྤྱོད་བཞིན། །

譬如了解苦行棄入遍行爨

བྱང་ཆུབ་སེམས་དཔའ་དེ་ལྟར་ཆོས་རྣམས་ཤེས་གྱུར་ན། །

菩提勇識若能如是了諸法

ཤེས་རབ་འདི་ནི་གང་ལས་སུ་ཡི་ཅི་ཡི་ཕྱིར། །

又此勝慧從何是何何所屬

སེམས་ནི་ཞུམ་པར་མི་འགྱུར་སྐྲག་པར་མི་འགྱུར་རོ། །

心無退屈亦復不驚不恐懼

བྱང་ཆུབ་སེམས་དཔའ་དང་ནི་བྱང་ཆུབ་སེམས་མི་དམིགས། །

菩提勇識及菩提心無所緣

བྱང་ཆུབ་སེམས་དཔའ་དེ་སྤྱོད་བྱང་ཆུབ་ཀྱི་སྤྱོད་པ། །

菩提勇識是行菩提之慧行

དེ་ལ་ཆགས་པ་ཅི་ཡང་མེད་ཅིང་ཐོགས་པ་མེད། །

於彼無有所著纖塵之處所

དངོས་པོར་འཛིན་མེད་བྱང་ཆུབ་ཐོབ་པར་འགྱུར། །

無實所執能證菩提之菩提

ཕུང་པོ་ལྔ་པོ་མི་དམིགས་པར་འཕགས་པ་གྲོལ། །

照見五蘊無所緣故得解脫

ཞི་བར་མི་ཆགས་དེ་ནི་ཤེས་རབ་ལ་གནས་སོ། །

不著圓寂彼即是住於勝慧

དེ་ལྟར་བརྟགས་ན་ཆོས་རྣམས་ཐམས་ཅད་སྟོང་པར་མཐོང་། །

如是推窮照見一切法皆空

བྱང་ཆུབ་སེམས་དཔའ་དེ་ལྟར་བྱང་ཆུབ་ཐོབ་པར་འགྱུར། །

菩提勇識如是不久證菩提

若于最上胜慧彼岸无所缘　　菩提勇识及菩提心无所缘

如是闻已无无知者不惊惧　　菩提勇识是行善逝之慧行

无色无受亦复无想及行识　　于彼无有所着纤尘之处所

即于诸法不住是名无处行　　无实所执能证善逝之菩提

譬如了解苦行弃入遍行鬘　　照见五蕴无所缘故得解脱

菩提勇识若能如是了诸法　　不着圆寂彼即是住于胜慧

又此胜慧从何是何何所属　　如是推穷照见一切法皆空

心无退屈亦复不惊不恐惧　　菩提勇识如是不久证菩提

或由不了計度如是之作意
謂此蘊空如是菩提勇識者
若有非色非受非想亦非行
彼所修行亦復無緣慧堅固

菩提勇識若住如是自寂靜
不起慢我於等持能出入
如是行者即謂能行諸佛慧
若行於法彼亦不可作所緣

執是色蘊受想行識依彼修
即是著相不能信解無生處
於彼識蘊無行無住而修者
行無生智能得寂滅勝等持

即是過去諸佛皆同所授記
云何如是了達諸法自性故
所行之行了達即彼無所行
是行勝慧到彼岸之最上行

或由不了计度如是之作意　　执是色蕴受想行识依彼修

谓此蕴空如是菩提勇识者　　即是着相不能信解无生处

若有非色非受非想亦非行　　于彼识蕴无行无住而修者

彼所修行亦复无缘慧坚固　　行无生智能得寂灭胜等持

菩提勇识若住如是自寂静　　即是过去诸佛皆同所授记

不起是慢我于等持能出入　　云何如是了达诸法自性故

如是行者即谓能行诸佛慧　　所行之行了达即彼无所行

若行于法彼亦不可作所缘　　是行胜慧到彼岸之最上行

诸非所有彼法即便名为无　　诸愚童辈於彼计度作有无

然彼有无俱是非实法自性　　菩提勇识若悟达此能出离

若有了知於此五蕴如幻化　　幻化与蕴於彼不作差别想

远离众想亲修习於寂灭行　　即是能行慧到彼岸最胜行

亲近善友具足观照之智者　　闻诸佛母胜慧不惊不恐怖

亲近恶友或有被彼所教化　　彼如坏器盛水不久速散坏

云何即彼名为菩提大勇识　　能破坚执欲尽诸有之所着

即能速证诸佛无着之菩提　　是故即此名为菩提大勇识

诸非所有彼法即便名为无　　诸愚童辈于彼计度作有无

然彼有无俱是非实法自性　　菩提勇识若悟达此能出离

若有了知于此五蕴如幻化　　幻化与蕴于彼不作差别想

远离众想亲修习于寂灭行　　即是能行慧到彼岸最胜行

亲近善友具足观照之智者　　闻诸佛母胜慧不惊不恐怖

亲近恶友或有被彼所教化　　彼如坏器盛水不久速散坏

云何即彼名为菩提大勇识　　能破坚执欲尽诸有之所着

即能速证诸佛无着之菩提　　是故即此名为菩提大勇识

云何名爲菩提勇識大勇識　於諸有情集會衆中最爲尊
於衆生界爲能除斷諸大見　由此名爲菩提勇識大勇識
廣大捨施大慧及有大廠德　即能趣入諸佛最上乘之中
著大甲冑摧伏諸魔之諳曲　以是義故名爲菩提大勇識

譬如幻士於四衢路作幻化　將衆俱胝生類悉皆取其首
如彼所幻菩提勇識亦如是　了達衆生皆如變化無怖畏
即此色蘊受蘊想蘊行識蘊　非實有故即是解脫非繫縛
如是趣入於佛菩提無退屈　是諸姣者所著最上勝甲冑

云何名为菩提勇识大勇识　　于诸有情集会众中最为尊

于众生界为能除断诸大见　　由此名为菩提勇识大勇识

广大舍施大慧及有大威德　　即能趣入诸佛最上乘之中

着大甲胄摧伏诸魔之谄曲　　以是义故名为菩提大勇识

譬如幻士于四衢路作幻化　　将众俱胝生类悉皆取其首

如彼所戳菩提勇识亦如是　　了达众生皆如变化无怖畏

即此色蕴受蕴想蕴行识蕴　　非实有故即是解脱非缠缚

如是趣入于佛菩提无退屈　　是诸妙者所着最上胜甲胄

云何即此菩提勇識名大乘
此大乘體如空勝妙大宮殿
若有乘此往逝於方無所緣
譬如火滅即無所住之方處

六

菩提勇識不緣初際及後際
若是清淨即謂無爲無戲論
菩提勇識智慧明解若了達
發大慈悲亦無衆生之想念

若乘於彼令諸有情度苦尼
以此能令親獲安隱之喜樂
言住涅槃即其所住無所緣
是故即彼真實說爲歸圓寂

及亦不緣現在三世皆清淨
是行勝慧到彼岸之最上行
諦觀無生如是審察行諸行
是行勝慧到彼岸之最上行

云何即此菩提勇识名大乘　　若乘于彼令诸有情度苦厄

此大乘体如空胜妙大宫殿　　以此能令亲获安隐之喜乐

若有乘此往逝于方无所缘　　言往涅槃即其所往无所缘

譬如火灭即无所往之方处　　是故即彼真实说为归圆寂

菩提勇识不缘初际及后际　　及亦不缘现在三世皆清净

若是清净即谓无为无戏论　　是行胜慧到彼岸之最上行

菩提勇识智慧明解若了达　　谛观无生如是审察行诸行

发大慈悲亦无众生之想念　　是行胜慧到彼岸之最上行

轉眾生相若起苦行之思念 　　念諸有情為作饒益令離苦

菩提勇識計度自他有情者 　　此非勝慧到彼岸之最上行

如知於已一切眾生亦復然 　　如諸眾生了知諸法亦如是

即不隨逐生及無生之作念 　　是行勝慧到彼岸之最上行

於諸世間凡有所說法名數 　　是等悉皆真實遠離於生滅

即獲甘露勝妙無比最上智 　　是故即此名為勝慧到彼岸

菩提勇識行如是行者無疑 　　具勝慧者應知安住於平等

至能了達諸法自性無所得 　　是行勝慧到彼岸之最上行

转众生相若起苦行之思念　　念诸有情为作饶益令离苦

菩提勇识计度自他有情者　　此非胜慧到彼岸之最上行

如知于己一切众生亦复然　　如诸众生了知诸法亦如是

即不随逐生及无生之作念　　是行胜慧到彼岸之最上行

于诸世间凡有所说法名数　　是等悉皆真实远离于生灭

即获甘露胜妙无比最上智　　是故即此名为胜慧到彼岸

菩提勇识行如是行若无疑　　具胜慧者应知安住于平等

至能了达诸法自性无所得　　是行胜慧到彼岸之最上行

聖勝慧到彼岸功德寶集偈 帝釋天主品第二

若不住色於受亦復不安住　　若不住想於思亦復不安住
若不住識即謂安住於法性　　是行勝慧到彼岸之最上行
常與無常并及苦樂愛非愛　　我與無我真如自性悉皆空

八

不住果證不住聲聞無學地　　於緣覺地及如來地亦不住
如救度者不依住於無為界　　於其有為亦復不住行無住
菩提勇識於如是處無住住　　即住無住說住勝逝之住所
若諸有情欲作善逝聲聞者　　欲成獨覺及與成就法王者

圣胜慧到彼岸功德宝集偈百施天主品第二

若不住色于受亦复不安住　　若不住想于思亦复不安住

若不住识即谓安住于法性　　是行胜慧到彼岸之最上行

常与无常并及苦乐爱非爱　　我与无我真如自性悉皆空

不住果证不住声闻无学地　　于缘觉地及如来地亦不住

如救度者不依住于无为界　　于其有为亦复不住行无住

菩提勇识于如是处无住住　　即住无住说住胜逝之住所

若诸有情欲作善逝声闻者　　欲成独觉及与成就法王者

若不依彼於此忍辱不能得　　猶如不見彼此兩岸之渡所
演說聽受及與所說之法義　　得證聖果勝緣如是佛世尊
若是了達明智所證之涅槃　　諸如來說彼等悉皆如幻化
四數數趣此等於彼無所畏　　於諸巧便勝勢之子不退轉

九

應供遠離垢染棄捨於二心　　為善知識之所攝持是等四
行如彼行大智菩提勇識者　　不學聲聞及亦不學緣覺地
為一切智隨順習學如來法　　善有於學非學不學名為學
不為於色執持增長及損減　　不為至實執持種種法故學

即得名為亦是執持一切智　　彼能於此好樂學慧之功德
色非是慧於色勝慧不可有　　受想及思并與如是種種識
即非是慧於如是等無勝慧　　如虛空界即此無有差別相
諸有所緣於彼自性無彼際　　若是有情自性彼亦無彼際

若是空界自性彼亦無彼際　　了達世間勝慧彼亦無彼際
想謂此岸即救度者實所演　　離於想相棄捨能到於彼岸
遠離於想若得隨順於彼者　　得到彼岸即得住於如來教
若佛世尊住世殑伽沙數劫　　設復真實演說眾生之名號

若不依仗于此忍辱不能得　　犹如不见彼此两岸之渡所

演说听受及与所说之法义　　得证圣果胜缘如是佛世尊

若是了达明智所证之涅槃　　诸如来说彼等悉皆如幻化

四数数趣此等于彼无所畏　　于谛巧便胜势之子不退转

应供远离垢染弃舍于二心　　为善知识之所摄持是等四

行如彼行大智菩提勇识者　　不学声闻及亦不学缘觉地

为一切智随顺习学如来法　　若有于学非学不学名为学

不为于色执持增长及损减　　不为至实执持种种法故学

即得名为亦是执持一切智　　彼能于此好乐学处之功德

色非是慧于色胜慧不可有　　受想及思并与如是种种识

即非是慧于如是等无胜慧　　如虚空界即此无有差别相

诸有所缘于彼自性无彼际　　若是有情自性彼亦无彼际

若是空界自性彼亦无彼际　　了达世间胜慧彼亦无彼际

想谓此岸即救度者实所演　　离于想相弃舍能到于彼岸

远离于想若得随顺于彼者　　得到彼岸即得住于如来教

若佛世尊住世殑伽沙数劫　　设复真实演说众生之名号

本來清淨是故眾生無所生	是行勝慧到彼岸之最上行
時我演說最上彼岸相應行	爾時往昔最上真實大丈夫
於未來世當能得證於正覺	記別於我勝勢演說於此言
聖勝慧到彼岸功德寶集偈莂敬無遺	功德慧彼岸寶塔品第三
尊者若於勝慧彼岸修勝行	或有於此恭敬受持了達者

毒藥器仗水火不能侵於彼	不被魔及魔眾損害得其便
若有善逝真實歸趣於圓寂	以用七寶建塔恆依於供養
如是所建善逝七寶之塔廟	如恆沙數滿千俱胝世界中
假使過於無邊俱胝世界中	所有安住一切眾生若干數

十

不作餘業天花勝香及塗香	每於三時供養一劫或多劫
若於勝冊能書寫此善逝母	受持香花微妙塗香供養者
建塔供養福德不及其一分	此能出生十力救度善逝故
此是勝勢慧到彼岸大明呪	能除無邊眾生世界眾苦厄

諸有過去及與十方世間尊	皆曾修學此明呪故作醫王
諸作饒益樂修行於慈悲行	學此明呪智者即能得菩提
若有有為及與無為一切樂	如是勝樂應知皆於此出生
若植種子依於大地增長者	皆由和合即得育茂眾色等

本来清净是故众生无所生　　是行胜慧到彼岸之最上行

时我演说最上彼岸相应行　　尔时往昔最上真实大丈夫

于未来世当能得证于正觉　　记别于我胜势演说于此言

圣胜慧到彼岸功德宝集偈恭敬无边功德慧彼岸宝塔品第三

尊者若于胜慧彼岸修胜行　　或有于此恭敬受持了远者

毒药器仗水火不能侵于彼　　不被魔及魔众损害得其便

若有善逝真实归趣于圆寂　　以用七宝建塔恒作于供养

如是所建善逝七宝之塔庙　　如恒沙数满千俱胝世界中

假使过于无边俱胝世界中　　所有安住一切众生若干数

不作余业天花胜香及涂香　　每于三时供养一劫或多劫

若于胜册能书写此善逝母　　受持香花微妙涂香供养者

建塔供养福德不及其一分　　此能出生十力救度善逝故

此是胜势慧到彼岸大明咒　　能除无边众生世界众苦厄

诸有过去及与十方世间尊　　皆曾修学此明咒故作医王

诸作饶益乐修行于慈悲行　　学此明咒智者即能得菩提

若有有为及与无为一切乐　　如是胜乐应知皆于此出生

若植种子依于大地增长者　　皆由和合即得育茂众色等

五到彼岸菩提所有諸功德　　此等皆從勝慧彼岸所出生
如轉輪王其所遊應道路中　　七寶軍衆悉皆恒隨於彼路
若行於此勝慧彼岸善逝行　　一切所有功德之聚隨彼生
聖勝慧到彼岸功德寶集偈功德品第四

佛問百施彼即恭答作是言　　若殑伽河所有沙數佛世界
於中遍滿廣大積聚佛舍利　　我即但取於此勝慧到彼岸
為何如是我非不敬於舍利　　彼應供養勝慧彼岸所薰故
如恭敬於仁王所重之臣佐　　如來舍利依仗勝慧到彼岸

十

如摩尼珠具諸功德價無比　　若置器中於彼應合伸敬禮
設雖取出於器亦生歡悅心　　此等皆是摩尼寶珠之功德
勝慧彼岸所有功德亦復然　　善逝雖滅所有舍利應供養
若有欲持如是勝勢功德者　　應取於此勝慧彼岸之解脫

勝慧為首應行布施到彼岸　　戒忍精進靜慮彼岸亦復然
為諸善法令不廢故應堅持　　此是平等表示所有一切法
譬如贍部所有千俱胝林木　　種類浩汗具是差別色甚多
所現之影但以種種名言說　　其影無有如是種種差別義

五到彼岸菩提所有诸功德	此等皆从胜慧彼岸所出生
如转轮王其所游历道路中	七宝军众悉皆恒随于彼路
若行于此胜慧彼岸善逝行	一切所有功德之聚随彼生

圣胜慧到彼岸功德宝集偈功德品第四

佛问百施彼即恭答作是言	若殑伽河所有沙数佛世界
于中遍满广大积聚佛舍利	我即但取于此胜慧到彼岸
为何如是我非不敬于舍利	彼应供养胜慧彼岸所薰故
如恭敬于仁王所重之臣佐	如来舍利依仗胜慧到彼岸

如摩尼珠具诸功德价无比	若置器中于彼应合伸敬礼
设虽取出于器亦生欢悦心	此等皆是摩尼宝珠之功德
胜慧彼岸所有功德亦复然	善逝虽灭所有舍利应供养
若有欲持如是胜势功德者	应取于此胜慧彼岸之解脱

胜慧为首应行布施到彼岸	戒忍精进静虑彼岸亦复然
为诸善法令不废故应坚持	此是平等表示所有一切法
譬如赡部所有千俱胝林木	种类浩汗具足差别色甚多
所现之影但以种种名言说	其影无有如是种种差别义

昔無差別名為勝慧到彼岸　　如是勝勢五到彼岸亦復然
即六菩提如是一味昔平等　　若能真實悉皆迴向一切智

聖勝慧到彼岸功德寶集偈福德名數品第五

菩提勇識若或真實未了達
示其無常即是行於誑詐相

所有於色受及與想種種識
一切時中智者不擴於諸法

非色非受於想亦復無所緣
能如是知一切諸法空無生

眾識非有思亦不可有所緣
是行勝慧到彼岸之最上行

若有量等恒河沙數之剎土
不如有人書寫如是慧彼岸

所有眾生悉令證得應供養
施勝有情所獲之福過於彼

十二

為何如是諸勝諸善學於此
聲聞乘者悉皆速達解脫處

一切諸法此中聞說皆空義
亦能證得獨覺菩提無上覺

譬如世間無芽樹木即不生
無菩提心佛不與世亦復然

枝葉花果增長鬱茂亦非有
百施淨梵聲聞果亦無所出

譬如日出輪光熾綱照世間
由了達智於世發起菩提心

普使有情令得勤作種種業
以慧令滿眾生功德亦復然

譬如龍王不居無熱惱池者
若無江河不能出生諸花果

此閻浮提即無流瀉之江河
大海亦無種種異色之寶具

如是胜势五到彼岸亦复然　　皆无差别名为胜慧到彼岸

若能真实悉皆回向一切智　　即六菩提如是一味皆平等

　　　　圣胜慧到彼岸功德宝集偈福德名数品第五

菩提勇识若或真实未了达　　所有于色受及与想种种识

示其无常即是行于诡诳相　　一切时中智者不损于诸法

非色非受于想亦复无所缘　　众识非有思亦不可有所缘

能如是知一切诸法空无生　　是行胜慧到彼岸之最上行

若有量等恒河沙数之刹上　　所有众生悉令证得应供养

不如有人书写如是慧彼岸　　施胜有情所获之福过于彼

为何如是诸胜诸者学于此　　一切诸法此中闻说皆空义

声闻乘者悉皆速达解脱处　　亦能证得独觉菩提无上觉

譬如世间无芽树木即不生　　枝叶花果增长郁茂亦非有

无菩提心佛不与世亦复然　　百施净梵声闻果亦无所出

譬如日出轮光焰网照世间　　普使有情令得勤作种种业

由了达智于世发起菩提心　　以慧令满众生功德亦复然

譬如龙王不居无热恼池者　　此阎浮提即无流澍之江河

若无江河不能出生诸花果　　大海亦无种种异色之宝具

令亦如是若無大菩提心者　　　於此世間善逝之智無所出
無彼智故無功德芽無菩提　　　類若大海正覺法亦不可有
能照於世所有一切物命類　　　為除暗故發出種種之光明
不如日出一輪所放之大光　　　諸光明聚皆悉不及於一分

三

聖勝慧到彼岸功德寶集偈迴向福德品第六
諸聲聞眾所有種種功德聚　　　布施持戒修習相應所生福
菩提勇識所起一種隨喜心　　　諸聲聞眾福聚不及其一分
所有過去俱胝那由他正覺　　　安住無邊眾千俱胝世界中

及歸圓寂所有世間尊重者　　　為除苦惱開示演說大法寶
始從創初發起最上菩提心　　　及至最後入於圓寂法滅盡
於其中間彼諸善逝之功德　　　相應度行及彼正覺功德法
諸勝勢子并與一切聲聞眾　　　有學無學有漏無漏諸善根

菩提勇識悉皆合集而隨喜　　　為益有情皆悉迴向於菩提
真實迴向若起是心之想念　　　起菩提想迴施有情之想念
為有想故瀰見之心著三事　　　由有所緣不預真實善迴向
若復善能令得滅盡如是法　　　亦能滅盡最極真實所迴向

今亦如是若无大菩提心者　　于此世间善逝之智无所出

无彼智故无功德芽无菩提　　类若大海正觉法亦不可有

能照于世所有一切物命类　　为除暗故发出种种之光明

不如日出一轮所放之大光　　诸光明聚皆悉不及于一分

圣胜慧到彼岸功德宝集偈回向福德品第六

诸声闻众所有种种功德聚　　布施持戒修习相应所生福

菩提勇识所起一种随喜心　　诸声闻众福聚不及其一分

所有过去俱胝那由他正觉　　安住无边众千俱胝世界中

及归圆寂所有世间尊重者　　为除苦恼垂示演说大法宝

始从创初发起最上菩提心　　及至最后入于圆寂法灭尽

于其中间彼诸善逝之功德　　相应度行及彼正觉功德法

诸胜势子并与一切声闻众　　有学无学有漏无漏诸善根

菩提勇识悉皆合集而随喜　　为益有情皆悉回向于菩提

真实回向若起是心之想念　　起菩提想回施有情之想念

为有想故滞见之心着三事　　由有所缘不预真实善回向

若复善能令得灭尽如是法　　亦能灭尽最极真实所回向

以法於法了達恒無所迴向	了達如是即名真實善迴向
若執着相是即不名善迴向	若無相者即是迴向大菩提
如人食飲雜毒甘美之食味	緣於白法勝慧說為亦復然
是故應學如是真實善迴向	譬如勝慧了達諸法之種類

亦復了知所出之處及自性	云何隨喜如是依彼應迴向
如是福善迴向無上菩提者	不捨正覺無毒是說如佛說
若能如是迴施勇猛巧便者	能鎮世間諸有緣處覺勇識

聖勝慧到彼岸功德寶集偈地獄品第七

育無漢者其數俱胝那由他	尚不知道豈能入於城邑中
無勝慧者五到彼岸名無目	由無導者不達無上菩提岸
若時勝慧真實攝持於彼者	爾時具眼彼得名為到彼岸
譬如畫師畫畫之功難了畢	未開眼目終須不能得償直
若時有為及與無為黑白法	能以勝慧破分纖塵無所緣
時諸世間得預勝慧到彼岸	類若虛空於一切處無少住
若作是念我以勝慧之慧行	度那由他無量苦惱眾生類
以眾生想思度菩提勇識者	非行勝慧到彼岸之最上行
菩提勇識若於過去曾修行	行地彼岸權巧無有疑惑心

以法于法了达恒无所回向　　了达如是即名真实善回向

若执着相是即不名善回向　　若无相者即是回向大菩提

如人餐饮离毒甘美之食味　　缘于白法胜势说为亦复然

是故应学如是真实善回向　　譬如胜势了达诸法之种类

亦复了知所出之处及自性　　云何随喜如是依彼应回向

如是福善回向无上菩提者　　不舍正觉无毒是说如佛说

若能如是回施勇猛巧便者　　能镇世间诸有缘虑觉勇识

圣胜慧到彼岸功德宝集偈地狱品第七

盲无导者其数俱胝那由他　　尚不知道岂能入于城邑中

无胜慧者五到彼岸名无目　　由无导者不达无上菩提岸

若时胜慧真实摄持于彼者　　尔时具眼彼得名为到彼岸

譬如画师所画之功虽了毕　　未开眼目终须不能得佣直

若时有为及与无为黑白法　　能以胜慧破令纤尘无所缘

时诸世间得预胜慧到彼岸　　类若虚空于一切处无少住

若作是念我以胜势之慧行　　度那由他无量苦恼众生类

以众生想思度菩提勇识者　　非行胜慧到彼岸之最上行

菩提勇识若于过去曾修行　　行此彼岸权巧无有疑惑心

暫時得聞便能生起導師想　　彼即速能了達菩提寂滅理
往曾修行雖供那由他諸佛　　疑惑不信善逝勝慧到彼岸
由少智故聞此教時便棄捨　　由捨此故無救無依隨阿鼻
是故欲得最上菩提佛智者　　於此佛母勝慧彼岸應諦信
譬如商客得達大海之寶洲　　貧窶而還如是於理甚不可

聖勝慧到彼岸功德寶集偈清淨品第八

色清淨故應知即是果清淨　　果色清淨一切智智亦清淨
一切智智果清淨與色清淨　　如虛空界即無別異無斷故

十五

若於方便以此勝慧彼岸行　　能度三界亦復不住於解脫
遠離惑染亦復示現受生相　　離老病死亦復示現死滅相
此諸愚趣著於名色之淤泥　　如旋風輪委歷生死輪迴中
愚趣昏醉如獸滯於籠網中　　了達智者似鳥飛騰於虛空
行諸淨行者有於色無所著　　受想行識於彼亦行無染行
行此行者即能遠離一切染　　解脫於染即行諸佛之慧行

聖勝慧到彼岸功德寶集偈稱讚品第九

如是行行菩提勇識明了遠　　斷除染著不著有情而趣向
譬如日輪脫羅睺障光熾然　　猛火焚燒柴薪卉木及樹林

暂时得闻便能生起导师想　　彼即速能了达菩提寂灭理

往曾修行虽供那由他诸佛　　疑惑不信善逝胜慧到彼岸

由少智故闻此教时便弃舍　　由舍此故无救无依堕阿鼻

是故欲得最上菩提佛智者　　于此佛母胜慧彼岸应谛信

譬如商客得达大海之宝洲　　贫窘而还如是于理甚不可

圣胜慧到彼岸功德宝集偈清净品第八

色清净故应知即是果清净　　果色清净一切智智亦清净

一切智智果清净与色清净　　如虚空界即无别异无断故

若于巧便以此胜慧彼岸行　　能度三界亦复不住于解脱

远离惑染亦复示现受生相　　离老病死亦复示现死灭相

此诸数趣着于名色之淤泥　　如旋风轮妄历生死轮回中

数趣昏醉如兽滞于笼网中　　了达智者似鸟飞腾于虚空

行诸净行若有于色无所着　　受想行识于彼亦行无染行

行此行者即能远离一切染　　解脱于染即行诸佛之慧行

圣胜慧到彼岸功德宝集偈称赞品第九

如是行行菩提勇识明了远　　断除染着不着有情而趣向

譬如日轮脱罗睺障光炽然　　猛火焚烧柴薪卉木及树林

一切諸法自性清淨極清淨　菩提勇識勝慧彼岸若清淨
無能作者一切法亦無所緣　是行勝慧到彼岸之最上行

聖勝慧到彼岸功德寶集偈受持功德品第十

天主百施茶敬請問佛世尊　菩提勇識云精進勝慧行

於其蘊界不作微塵許精進　於蘊不進菩提勇識是精進
若有聞於此法如化亦如幻　無疑惑心數數修學加行者
知彼有情往昔曾行大乘行　亦曾敬事俱胝那由他諸佛
如人往趣曠野經過多由旬　或見藂林繁茂放牧之邊界

應念近有城邑聚落人煙眾　即近止息遠離險賊之怖畏
若時欣求無上菩提亦復然　善能聽受勝慧勝慧到彼岸
即得止息遠離於彼所怖畏　非聲聞地亦非緣覺之地故
或復有人為觀大海而往彼　若見山谷及與林木知遠遠

若不見彼如是種種之形狀　應知海近於彼不須起疑惑
今亦如是趣求最妙菩提者　若能聽受如是勝慧到彼岸
假使不蒙諸佛世尊親記別　應知不遠速能證得佛菩提
譬如陽春旋葉隨落於林中　於枝不遠蘂葉花果得繁茂

一切诸法自性清净极清净　　　菩提勇识胜慧彼岸若清净

无能作者一切法亦无所缘　　　是行胜慧到彼岸之最上行

圣胜慧到彼岸功德宝集偈受持功德品第十

天主百施恭敬请问佛世尊　　　菩提勇识云精进胜慧行
　　　　　　　　　　　　　　〔原译本仅此句为十个字。〕

于其蕴界不作微尘许精进　　　于蕴不进菩提勇识是精进

若有闻于此法如化亦如幻　　　无疑惑心数数修学加行者

知彼有情往昔曾行大乘行　　　亦曾敬事俱胝那由他诸佛

如人往趣旷野经过多由旬　　　或见丛林繁茂放牧之边界

应念近有城邑聚落人烟众　　　即近止息远离险贼之怖畏

若时欣求无上菩提亦复然　　　善能听受胜势胜慧到彼岸

即得止息远离于彼所怖畏　　　非声闻地亦非缘觉之地故

或复有人为观大海而往彼　　　若见山谷及与林木知遥远

若不见彼如是种种之形状　　　应知海近于彼不须起疑惑

今亦如是趣求最妙菩提者　　　若能听受如是胜慧到彼岸

假使不蒙诸佛世尊亲记别　　　应知不远速能证得佛菩提

譬如阳春旋叶堕落于林中　　　于枝不远萼叶花果得繁茂

若有手得如是勝慧到彼岸	即能起證救度菩提亦非遐
譬如孕婦覺體沉重苦所逼	應知即彼誕生時至極最近
菩提勇識聽受善逝之勝慧	生欣樂者速至菩提亦復然
若行最上勝慧彼岸之行者	不見於色增長及與極損減
亦復不見是法非法法界性	不住圓寂彼即安住於慧中
若有行此於正覺法不分別	力及神足菩提寂滅不分別
無念離念攝授成力行此行	是行勝慧到彼岸之最上行
聖勝慧到彼岸功德寶集偈魔行品第十一
善現請言世尊垂詰妙朗明	諸樂功德於彼障礙有幾何
導師答言作障礙者數甚多	且於其中我今畧說於少分
書寫於此善逝勝慧到彼岸	爾時橫生種種差別之妄念
無暇利生速入電光已破壞	即此說為被彼魔事所障礙
若講說時或於此中生疑惑	救度於此亦復不說我名字
又無詮顯姓氏族類及鄉土	棄捨於此不聽受者是魔事
不達如是彼等棄捨於根本	由愚癡故尋逐枝末及葉
如有獲象捨彼反求於腳跡	聞此勝慧反求餘經亦復然
譬如有人先得百味之饍饈	得已棄捨反求弊惡之飲食

若有手得如是胜慧到彼岸　　即能尅证救度菩提亦非遥

譬如孕妇觉体沉重苦所逼　　应知即彼诞生时至极最近

菩提勇识听受善逝之胜慧　　生欣乐者速至菩提亦复然

若行最上胜慧彼岸之行者　　不见于色增长及与极损减

亦复不见是法非法法界性　　不住圆寂彼即安住于慧中

若有行此于正觉法不分别　　力及神足菩提寂灭不分别

无念离念摄授成力行此行　　是行胜慧到彼岸之最上行

圣胜慧到彼岸功德宝集偈魔行品第十一

善现请言世尊垂诰如朗月　　诸乐功德于彼障碍有几何

导师答言作障碍者数甚多　　且于其中我今略说于少分

书写于此善逝胜慧到彼岸　　尔时横生种种差别之妄念

无暇利生速入电光已破坏　　即此说为被彼魔事所障碍

若演说时或于此中生疑惑　　救度于此亦复不说我名字

又无诠显姓氏族类及乡土　　弃舍于此不听受者是魔事

不达如是彼等弃舍于根本　　由愚痴故寻逐枝末及萼叶

如有获象舍彼反求于脚迹　　闻此胜慧反求余经亦复然

譬如有人先得百味之肴膳　　得已弃舍反求弊恶之饮食

菩提勇識獲此勝慧到彼岸　　於聲聞地求菩提者亦復然

若為希求恭敬及與淨財利　　以貪欲心訪詣於城聚落中

捨彼正法愛樂行諸非法事　　棄背正路趣邪途者是魔事

若時於此發起信敬欣樂心　　意欲往詣聽受微妙於此法

聽者知彼法師所作之事務　　無有歡悅意感懊惱而散去

當爾之時感起如是之魔事　　復有種種差別障礙之魔事

若時以此惱亂無數比丘眾　　不令受持如是勝慧到彼岸

諸有殊特無價異寶難得故　　於處恒有種種觸惱之阻障

六

善逝最上勝慧彼岸大法寶　　由難值故恒多觸惱亦復然

劍八大乘親學劣慧有情類　　若未得此極難值遇大法寶

諸魔踊躍於彼作諸障礙事　　十方諸佛護念於彼而攝持

聖勝慧到彼岸功德寶集偈卷上

菩提勇识获此胜慧到彼岸　　于声闻地求菩提者亦复然

若为希求恭敬及与浮财利　　以贪欲心访认族戚聚落中

舍彼正法受乐行诸非法事　　弃背正路趣邪途者是魔事

若时于此发起信敬欣乐心　　意欲往诣听受微妙于此法

听者知彼法师所作之事务　　无有欢悦意戚懊恼而散去

当尔之时感起如是之魔事　　复有种种差别障碍之魔事

若时以此恼乱无数比丘众　　不令受持如是胜慧到彼岸

诸有殊特无价异宝难得故　　于处恒有种种触恼之阻隔

善逝最上胜慧彼岸大法宝　　由难值故恒多触恼亦复然

刬入大乘亲学劣慧有情类　　若未得此极难值遇大法宝

诸魔踊跃于彼作诸障碍事　　十方诸佛护念于彼而摄持

圣胜慧到彼岸功德宝集偈卷上

聖勝慧到彼岸功德寶集偈卷中

奉天顯道耀武宣文神謀睿智制義去邪惇睦懿恭皇帝 御詳勘

聖勝慧到彼岸功德寶集偈演說世界品第十二

如有慈母忽然其身患痾疾　　所有諸子咸作敬事心憂惱
令彼如是十方世界諸如來　　咸皆念此勝慧佛母妙法門

所有過去住十方界諸如來　　於未來世所有一切諸正覺
化諸世間一切勝勢從此出　　善能演示所餘眾生之心行
世間真如及與聲聞真如性　　獨覺真如諸勝勢子真如性
是一非異離性非餘是真如　　諸佛以此勝慧彼岸而了知

知者住世或趣圓寂皆同等　　安住於此無非法性諸法空
菩提勇識隨順了此真如性　　故名如來亦復得名為正覺
依止於此勝慧彼岸歡喜林　　即是十力諸救度者之境界
度諸有情設令遠離惡趣苦　　菩提勇識恆不起於有情想

譬如師子依止山谷無所畏　　哮吼能怖眾多下劣之群獸
人中師子依止勝慧到彼岸　　哮吼能怖於諸世間外道眾
譬如日輪光明赫奕住空中　　令地乾燥照顯一切諸色相
如同法王依止勝慧到彼岸　　能竭有海演示法門令顯現

圣胜慧到彼岸功德宝集偈卷中

奉天显道耀武宣文神谋睿智制义去邪惇睦懿恭皇帝　再详勘

圣胜慧到彼岸功德宝集偈演说世界品第十二

如有慈母忽然其身患痼疾	所有诸子咸作敬事心忧恼
今亦如是十方世界诸如来	咸皆念此胜慧佛母妙法门

所有过去住十方界诸如来	于未来世所有一切诸正觉
化诸世间一切胜势从此出	善能演示所余众生之心行
世间真如及与声闻真如性	独觉真如诸胜势子真如性
是一非异离性非余是真如	诸佛以此胜慧彼岸而了知

知者住世或趣圆寂皆同等	安住于此无非法性诸法空
菩提勇识随顺了此真如性	故名如来亦复得名为正觉
依止于此胜慧彼岸欢喜林	即是十力诸救度者之境界
度诸有情设令远离恶趣苦	菩提勇识恒不起于有情想

譬如狮子依止山谷无所畏	哮吼能怖众多下劣之群兽
人中师子依止胜慧到彼岸	哮吼能怖于诸世间外道众
譬如日轮光明赫奕住空中	令地干燥照显一切诸色相
如同法王依止胜慧到彼岸	能竭有海演示法门令显现

45

不見諸色亦復不見於諸受　　無所見想思亦不可有所見
所有衆識及與心意無所見　　即為見法善逝世尊所演說
世間云言已見於此虛空相　　云何可見其虛空相應窮析
如來說為見法性者亦如是　　於此正見無有譬喻所能及

聖勝慧到彼岸功德寶集偈不可思議品第十三

如是見者即得名為見諸法　　如王平等諸有作務臣所辨
所有佛事及與聲聞一切法　　如是皆依勝慧彼岸力所作
如王不行國土及與城邑中　　所有王務自然而辨亦如是

菩提勇識雖於法性無所住　　自然成辨如來所有功德法

聖勝慧到彼岸功德寶集偈施設譬喻品第十四

菩提勇識若於善逝信堅固　　思惟最上勝慧彼岸作加行
即得超過聲聞獨覺二種地　　無能屈伏速得勝勢之菩提
如渡巨海所乘舡舫忽破壞　　若不依憑死屍及與草木類

二十

溺死水中不能出達於彼岸　　若得所依能渡巨海之涯際
如是若有得具清淨信心者　　非不依趣勝慧彼岸諸佛母
彼等方便功德智慧所持故　　即能速證最勝出離佛菩提
如將坏器汲水擔持而運行　　由非堅固應知不久而破壞

不见诸色亦复不见于诸受　　无所见想思亦不可有所见

所有众识及与心意无所见　　即为见法善逝世尊所演说

世间云言已见于此虚空相　　云何可见其虚空相应穷析

如来说为见法性者亦如是　　于此正见无有譬喻所能及

圣胜慧到彼岸功德宝集偈不可思议品第十三

如是见者即得名为见诸法　　如王平等诸有作务臣所辨

所有佛事及与声闻一切法　　如是皆依胜慧彼岸力所作

如王不行国土及与城邑中　　所有王务自然而辨亦如是

菩提勇识虽于法性无所住　　自然成辨如来所有功德法

圣胜慧到彼岸功德宝集偈施设譬喻品第十四

菩提勇识若于善逝信坚固　　思惟最上胜慧彼岸作加行

即得超过声闻独觉二种地　　无能屈伏速得胜势之菩提

如渡巨海所乘舡舫忽破坏　　若不依凭死尸及与草木类

溺死水中不能出达于彼岸　　若得所依能渡巨海之涯际

如是若有得具清净信心者　　非不依趣胜慧彼岸诸佛母

彼等方便功德智慧所持故　　即能速证最胜出离佛菩提

如将坏器汲水担持而运行　　由非坚固应知不久而破坏

若以尾器運水持行於路中　　不畏破壞安隱得達於家中
今亦如是菩提勇識雖具信　　若無勝慧到彼岸者速破壞
能以慧力至寶标持於淨信　　即得超出三乘之地證菩提
如有商客所造船舫不堅固　　乘入於海所載人物俱沒壞

若有乘載所造堅固之舟舫　　運濟人物俱能得達於彼岸
菩提勇識如彼雖復信所薰　　無勝慧故速歸破滅失菩提
若有最上微妙勝慧到彼岸　　速能得證無損無壞佛菩提
百二十歲衰老苦惱逼迫者　　雖復自立不能涉履於諸方

被人扶持擎助左右兩腋下　　不畏倒地易能行履於方處
菩提勇識如彼智慧力劣　　設得趣入於其中間必破壞
若以最上方便勝慧所标持　　無所破壞能證諸佛勝菩提

聖勝慧到彼岸功德寶集偈論天品第十五

菩提勇識若有依止初學地　　以殊勝心趣入最上佛菩提
殊聖弟子諸有敬事上師者　　智者應恒於諸上師而親近
為何如是智慧功德從彼生　　彼芽善能隨順教示勝慧行
佛功德法皆從依於善友得　　具最上德諸善逝等說此言

若以瓦器运水持行于路中　　不畏破坏安隐得达于家中

今亦如是菩提勇识虽具信　　若无胜慧到彼岸者速破坏

能以慧力至宝标持于净信　　即得超出三乘之地证菩提

如有商客所造船舫不坚固　　乘入于海所载人物俱没坏

若有乘载所造坚固之舡舫　　运济人物俱能得达于彼岸

菩提勇识如彼虽复信所薰　　无胜慧故速归破灭失菩提

若有最上微妙胜慧到彼岸　　速能得证无损无坏佛菩提

百二十岁衰老苦恼逼迫者　　虽复自立不能涉履于诸方

被人扶持擎助左右两腋下　　不畏倒地易能行履于方处

菩提勇识如彼智慧力下劣　　设得趣入于其中间必破坏

若以最上方便胜慧所标持　　无所破坏能证诸佛胜菩提

圣胜慧到彼岸功德宝集偈论天品第十五

菩提勇识若有依止初学地　　以殊胜心趣入最上佛菩提

殊圣弟子诸有敬事上师者　　智者应恒于诸上师而亲近

为何如是智慧功德从彼生　　彼等善能随顺教示胜慧行

佛功德法皆从依于善友得　　具最上德诸善逝等说此言

49

布施持戒忍辱及與精進行　　靜慮勝慧皆應迴向勝菩提
於菩提蘊勿令染着而執勝　　為初學者應當如是善教示
如是行者是功德海教如月　　覆護有情能資助者是依處
是所依仗智洲導師饒益者　　最上明炬演示妙法無傾者

諸大明稱被着難作之甲冑　　非蘊非處即非界等之甲冑
離三乘想最極真實無所執　　即是不退不動不亂之自性
彼等具有如是法者無戲論　　遠離疑惑二心即具理相應
聞慧彼岸若時不生退屈心　　不受他恩應知即是不退轉

諸救度者是甚深法難得見　　無能了者得亦無有所轉易
是故饒益具大悲者成道時　　念諸有情難了少作於心行
諸有情類樂着依處求諸境　　住執非智愚癡猶若極黑闇
所得之法無有依處無所執　　是故因此與彼世間起鬭諍

聖勝慧到彼岸功德寶集偈真如品第十六

如虛空界東方南方無邊際　　如是西方及與北方無邊際
遍上下方亦復充滿十方界　　無差別相無有種種所分別

過去真如及與未來之真如　　現在真如即是應供之真如

布施持戒忍辱及与精进行　　静虑胜慧皆应回向胜菩提

于菩提蕴勿令染着而执胜　　为初学者应当如是善教示

如是行者是功德海教如月　　复护有情能资助者是依处

是所依仗智洲导师饶益者　　最上明炬演示妙法无倾者

诸大明称被着难作之甲胄　　非蕴非处即非界等之甲胄

离三乘想最极真实无所执　　即是不退不动不乱之自性

彼等具有如是法者无戏论　　远离疑惑二心即具理相应

闻慧彼岸若时不生退屈心　　不受他恩应知即是不退转

诸救度者是甚深法难得见　　无能了者得亦无有所转易

是故饶益具大悲者成道时　　念诸有情难了少作于心行

诸有情类乐着依处求诸境　　住执非智愚痴犹若极黑暗

所得之法无有依处无所执　　是故因此与彼世间起斗争

圣胜慧到彼岸功德宝集偈真如品第十六

如虚空界东方南方无边际　　如是西方及与北方无边际

遍上下方亦复充满十方界　　无差别相无有种种所分别

过去真如及与未来之真如　　现在真如即是应供之真如

諸法真如所有勝勢之真如	法性真如不可分別無差別
善逝菩提遠離種種差別法	菩提勇識若有於此欲得者
具方便者勝慧彼岸作加行	若無於此救度勝慧不能得
如有大鳥一百五十由旬量	又無兩翼翩因無有少分力

彼大身鳥住於三十三天上	自投於下閻浮提中身必損
若有世間發起無邊廣大願	假使恒修諸佛五種到彼岸
依此經歷俱胝那由他劫數	無方便者無勝慧故隨聲聞
若欲決定趣入於此正覺乘	於諸數趣行平等心如父母

| 以饒益心及慈悲心應懃修 | 無瀚惡心應作正直柔軟語 |

聖勝慧到彼岸功德寶集偈 不退轉祥瑞品第十七

尊者善現恭敬請問佛世尊	唯願演說具功德海熱惑相
諸大威德云何應知不退轉	如是功德勝勢願垂少分記
離差別相所出之言應正理	不復依憑諸餘沙門婆羅門

智者恒常真實棄捨諸惡趣	彼等善能懃修十善之業道
不求利養為諸數趣如法說	一心慕法恒出柔和之言辭
行住坐臥以正知心作事業	行無亂心其目觀於一搨量
能行淨行持清淨衣三寂靜	不求利養樂於正法眾中尊

诸法真如所有胜势之真如　　法性真如不可分别无差别

善逝菩提远离种种差别法　　菩提勇识若有于此欲得者

具方便者胜慧彼岸作加行　　若无于此救度胜慧不能得

如有大鸟一百五十由旬量　　又无两翼羸困无有少分力

彼大身鸟住于三十三天上　　自投于下阎浮提中身必损

若有世间发起无边广大愿　　假使恒修诸佛五种到彼岸

依此经历俱胝那由他劫数　　无方便者无胜慧故堕声闻

若欲决定趣入于此正觉乘　　于诸数趣行平等心如父母

以饶益心及慈悲心应勤修　　无弊恶心应作正直柔软语

　　　圣胜慧到彼岸功德宝集偈不退转祥瑞品第十七

尊者善现恭敬请问佛世尊　　唯愿演说具功德海无惑相

诸大威德云何应知不退转　　如是功德胜势愿垂少分记

离差别相所出之言应正理　　不复依凭诸余沙门婆罗门

智者恒常真实弃舍诸恶趣　　彼等善能勤修十善之业道

不求利养为诸数趣如法说　　一心慕法恒出柔和之言辞

行住坐卧以正知心作事业　　行无乱心其目观于一榻量

能行净行持清净衣三寂静　　不求利养乐于正法众中尊

不受他恩善能超出諸魔境　　念四靜慮亦復不住於靜慮
不求名聞不被瞋恚繼其心　　若作在家於一切法恒無染
不以邪諂希求資具而受用　　不作厭禱呪術追攝於婦人
不記別於具慾業者是男女　　放上寂靜勝慧彼岸最難男

慈心堅固遠離鬥戰及諍論　　欲了一切心恒向於真正教
真實棄捨遠地邊國荒宍車　　於其自地恒無疑惑如須彌
為法之軀於其禪定能勤修　　應知此等即是不退轉之相

聖勝慧到彼岸功德寶集偈空相品第十八

色蘊受蘊想行及與種種識　　甚深自性無有相狀性寂滅
譬如執箭欲測海底之淺深　　由以智慧推窮其蘊無窮盡
菩提勇識若能了達此甚深　　勝義大乘於此無有所染著
即非五蘊亦非塵界了此者　　所成福聚無有超過於此者

如有士夫深樂行於貪慾行　　與女所期若失其時未會者
彼於一日所起種種之妄念　　爾所劫時菩提勇識能剋獲
菩提勇識若經俱胝劫數中　　設行聲聞獨覺施行持禁戒
若說最上勝慧彼岸相應法　　布施持戒比此善根無少分

不受他恩善能超出诸魔境　　念四静虑亦复不住于静虑

不求名闻不被瞋恚缠其心　　若作在家于一切法恒无染

不以邪谄希求资具而受用　　不作厌祷咒术追摄于妇人

不记别于具欲业者是男女　　放上寂静胜慧彼岸最勤男

慈心坚固远离斗战及争论　　欲了一切心恒向于真正教

真实弃舍边地边国蔑戾车　　于其自地恒无疑惑如须弥

为法亡躯于其禅定能勤修　　应知此等即是不退转之相

圣胜慧到彼岸功德宝集偈空相品第十八

色蕴受蕴想行及与种种识　　甚深自性无有相状性寂灭

譬如执箭欲测海底之浅深　　由以智慧推穷其蕴无究尽

菩提勇识若能了远此甚深　　胜义大乘于此无有所染着

即非五蕴亦非处界了此者　　所成福聚无有超过于此者

如有士夫深乐行于贪欲行　　与女所期若失其时未会者

彼于一日所起种种之妄念　　尔所劫时菩提勇识能剋获

菩提勇识若经俱胝劫数中　　设行声闻独觉施行持禁戒

若说最上胜慧彼岸相应法　　布施持戒比此善根无少分

菩提勇識若有修習最聖慧 揵彼而出亦無疑心
為數趣故若能迴向菩提因 於三界中與彼善根無等者
即彼福善應知虛踈如虛空 如幻無實亦如偈儡如芭蕉
若能如是修行一切諸佛慧 即能執持真實無邊之福聚

世尊所說顯了開演實所示 能了如是此一切法性有言
設復演說俱胝那由他劫數 於法界中無所減瘦及增長
於諸勝勢所有所言到彼岸 彼諸法等亦復但以名言說
菩提勇識無有慢心能迴向 即無損壞能証最上佛菩提

聖勝慧到彼岸功德寶集偈殘 伽天母請問品第十九

如膏油中燃炷所生之灯焰 不因初會若非初會炷不然
非後焰合其炷即能生燈焰 若無後焰亦非不能然其炷
非初發心即能至於上菩提 若無初心亦復不能至菩提
雖非後心不證菩提之寂滅 若無彼者亦復不能獲於彼

譬如種子即能生長於花果 彼若滅時即樹木等非不有
初所起心是菩提因亦復然 若彼滅時其上菩提非不有
依種所生粳糯穬麥結實時 其種雖滅有所生故種非無
猶如幻化遠離真實之自性 此亦出生究竟正覺上菩提

菩提勇识若有修习最圣慧　　从彼而出亦无染心而演说

为数趣故若能回向菩提因　　于三界中与彼善根无等者

即彼福善应知虚踈如虚空　　如幻无实亦如傀儡如芭蕉

若能如是修行一切诸佛慧　　即能执持真实无边之福聚

世尊所说显了开演实所示　　能了如是此一切法唯有言

设复演说俱胝那由他劫数　　于法界中无所减灭及增长

于诸胜势所有所言到彼岸　　彼诸法等亦复但以名言说

菩提勇识无有慢心能回向　　即无损坏能证最上佛菩提

圣胜慧到彼岸功德宝集偈殑伽天母请问品第十九

如膏油中焦炷所生之灯焰　　不因初会若非初会炷不燃

非后焰合其炷即能生灯焰　　若无后焰亦非不能燃其炷

非初发心即能至于上菩提　　若无初心亦复不能至菩提

虽非后心不证菩提之寂灭　　若无彼者亦复不能获于彼

譬如种子即能生长于花果　　彼若灭时即树木等非不有

初所起心是菩提因亦复然　　若彼灭时其上菩提非不有

依种所生粳糯穬麦结实时　　其种虽灭有所生故种非无

犹如幻化远离真实之自性　　此亦出生究竟正觉上菩提

譬如最初微少滴瀝之細水　漸次滴霑能盈廣大鉼器中
上菩提因初所發心亦復然　漸次滿足白法功德成正覺
修行空性無相無願解脫法　不取圓寂無所著相而修行
譬如船翁由巧便故性彼此　不著二邊亦復不住於海中

菩提勇識能行如是最上行　不起慢心十力記我得菩提
不畏菩提於彼少分無所得　能得此者即行善逝勝慧行
於世疾疫饑饉曠野險道中　見無怖畏由此著於堅甲冑
由了達此盡未來際恒勵勇　即不生起如微塵許厭離心

聖勝慧到彼岸功德寶集偈方便善巧推擇品第二十
菩提勇識修行善逝勝慧故　於此諸蘊了達本空無所生
住妙等持於有情界生悲愍　當爾之時於正竟法亦不壞
譬如士夫具足巧便諸功德　善解藝術勵勇強力無能屈

眾多伎藝工巧能射勝超群　能作幻化欣樂饒益於有情
將諸眷屬父母妻妾及兒女　若經曠野當於險賊道路中
彼人幻作眾多健敵之士夫　安隱而過復能還達於家中
菩提勇識當爾巧便亦復然　於諸情界咸生廣大悲愍心

譬如最初微少涓滴之细水　　渐次滴霪能盈广大瓶器中

上菩提因初所发心亦复然　　渐次满足白法功德成正觉

修行空性无相无愿解脱法　　不取圆寂无所着相而修行

譬如船翁由巧便故往彼此　　不着二边亦复不住于海中

菩提勇识能行如是最上行　　不起慢心十力记我得菩提

不畏菩提于彼少分无所得　　能得此者即行善逝胜慧行

于世疾疫饥馑旷野险道中　　见无怖畏由此着于坚甲胄

由了远此尽未来际恒勤勇　　即不生起如微尘许厌离心

圣胜慧到彼岸功德宝集偈方便善巧推折品第二十

菩提勇识修行善逝胜慧故　　于此诸蕴了达本空无所生

住妙等持于有情界生悲愍　　当尔之时于正觉法亦不坏

譬如士夫具足巧便诸功德　　善解艺术勤勇强力无能屈

众多伎艺工巧能射胜超群　　能作幻化欣乐饶益于有情

将诸眷属父母妻妾及儿女　　若经旷野当于险贼道路中

彼人幻作众多健敌之士夫　　安隐而过复能还达于家中

善提勇识当尔巧便亦复然　　于诸情界咸生广大悲愍心

即得超過四魔及亦二無地	依止等持即不欣求證菩提
數趣依地大地復依於水輪	水輪依風風輪復依於虛空
有情於業所行之因亦復然	應當思惟虛空復依於何法
菩提勇識安住如是空性中	為諸有情令悟具足所依願
示現衆多種種差別所作事	不住於空於其圓寂無所染
菩提勇識智慧明解了達者	若脩最妙空寂等持行門持
當爾之時不住於相懃脩習	住於無相即行寂靜寂滅行
如鳥飛空無有所依之住所	不住彼者即無兩墜墮於地
菩提勇識脩行如是解脫門	不脩於相於其圓寂無染著
譬如善射士夫射於虛空中	箭箭相桂相續次第而昇去
由相桂故初所射箭無墮時	欲墮地者其箭即墮於地上
是行如是勝慧彼岸上行者	慧方便力神通之所極分別
若復如是諸有善根未圓滿	爾時不證微妙殊勝之真性
譬如比丘具有最上神通力	昇虛空中速疾頓現諸神變
行住坐臥示現種種之神通	不生厭惡亦復並無於疲倦
菩提勇識如是巧便住空者	即不住於圓滿智慧及神變

即得超过四魔及亦二乘地　　依止等持即不欣求证菩提

数趣依地大地复依于水轮　　水轮依风风轮复依于虚空

有情于业所行之因亦复然　　应当思惟虚空复依于何法

菩提勇识安住如是空性中　　为诸有情令悟具足所依愿

示现众多种种差别所作事　　不住于空于其圆寂无所染

菩提勇识智慧明解了达者　　若修最妙空寂等持行门持

当尔之时不住于相勤修习　　住于无相即行寂静寂灭行

如鸟飞空无有所依之住所　　不住彼者即无所坠堕于地

菩提勇识修行如是解脱门　　不修于相于其圆寂无染着

譬如善射士夫射于虚空中　　箭箭相柱相续次第而升去

由相柱故初所射箭无堕时　　欲堕地者其箭即坠于地上

是行如是胜慧彼岸上行者　　慧方便力神通之所极分别

若复如是诸有善根未圆满　　尔时不证微妙殊胜之真性

譬如比丘具有最上神通力　　升虚空中速疾顿现诸神变

行住坐卧示现种种之神通　　不生厌恶亦复并无于疲倦

菩提勇识如是巧便住空者　　即不住于圆满智慧及神变

為諸有情示現無邊之行業
經俱胝劫不生猒惡及疲倦
譬如有人住於高廣險崖上
於兩手中堅固執持二傘盖
舉身自投嵯峨險峻盧空中
即不墜墮隨其力量而能住
菩提勇識如是巧便具悲心
執持於此方便勝慧二傘柄

推折諸法皆空無相無所願
不著圓寂亦復宣說如是法
如有商客為求珠具往寶洲
既獲珠寶迴求還於本家中
不住於彼商主獨受於安樂
不令諸親所有眷属心苦惱
菩提勇識往空寶洲亦復然
獲得靜慮及與信等之根力

於圓寂理不生染著獨受用
不令有情生起苦惱不樂心
如有商客為事緣去知本路
不住其間城邑聚落及曠野
於彼寶洲亦不染著而久住
善知逕路智者不住於本家
菩提勇識智慧明了亦如是
解諸所有聲聞獨覺識解脫

不住於彼亦復不住正覺智
是智本道於其有為亦不住
於諸有情若時悲愍為初首
修行空性無相無願三摩地
不起是念願我獲得於圓寂
謂言有為如是施設不應理
譬如化人非不顯現於身相
於彼亦可容許施設於名所

为诸有情示现无边之行业　　经俱胝劫不生厌恶及疲倦

譬如有人住于高广险崖上　　于两手中坚固执持二伞盖

举身自投嵯峨险峻虚空中　　即不坠堕随其力量而能往

菩提勇识如是巧便具悲心　　执持于此方便胜慧二伞柄

推折诸法皆空无相无所愿　　不着圆寂亦复宣说如是法

如有商客为求珍具往宝洲　　既获珠宝返求还于本家中

不住于彼商主独受于安乐　　不令诸亲所有眷属心苦恼

菩提勇识往空宝洲亦复然　　获得静虑及与信等之根力

于圆寂理不生染着独受用　　不令有情生起苦恼不乐心

如有商客为事缘去知本路　　不住其间城邑聚落及旷野

于彼宝洲亦不染着而久住　　善知迳路智者不住于本家

菩提勇识智慧明了亦如是　　解诸所有声闻独觉识解脱

不住于彼亦复不住正觉智　　是智本道于其有为亦不住

于诸有情若时悲愍为初首　　修行空性无相无愿三摩地

不起是念愿我获得于圆寂　　谓言有为如是施设不应理

譬如化人非不显现于身相　　于彼亦可容许施设于名所

菩提勇識行解脫門亦復然 於彼亦應施設差別之名數
若有真實咨問信根及力等 菩提勇識不為演說空無相
亦復不示不退轉地之法門 應知即彼非是勝勢所記別
於聲聞地以緣所悟獨覺地 及三界等乃至夢中亦無著

見諸正覺為有情類說妙法 應知即是亦受不退轉記別
若於寐中夢見有情在三塗 一剎那頃發起除斷惡趣願
以真實力即是能滅猛火聚 應知即是亦受不退轉記別
若遇眾災或被部多魔所執 以悲愍心實力所除作饒益

尔時不生高舉我慢之心者 應知即是亦受不退轉記別
聖勝慧到彼岸功德寶集偈魔業品第二十一
若以實諦神力所致種種相 便作是念我得記別心高舉
菩提勇識或被他記心高舉 住慢心故應知即彼是少智
依於名因欲惱亂故魔來至 作如是言汝及父母名如是

當知是汝七代先祖之名字 汝於某時當得作佛名如是
淨行禪定由此出現於如是 汝曾所修功德之行令亦然
若聞此語菩提勇識貢高者 應知即此魔所發起是少智
若有依止寂靜住所及城邑 山谿曠野或依寂靜林藪中

菩提勇识行解脱门亦复然　　于彼亦应施设差别之名数

若有真实咨问信根及力等　　菩提勇识不为演说空无相

亦复不示不退转地之法门　　应知即彼非是胜势所记别

于声闻地以缘所悟独觉地　　及三界等乃至梦中亦无着

见诸正觉为有情类说妙法　　应知即是亦受不退转记别

若于寝中梦见有情在三涂　　一刹那顷发起除断恶趣愿

以真实力即是能灭猛火聚　　应知即是亦受不退转记别

若逢众灾或被部多魔所执　　以悲愍心实力所除作饶益

尔时不生高举我慢之心者　　应知即是亦受不退转记别

圣胜慧到彼岸功德宝集偈魔业品第二十一

若以实谛神力所致种种相　　便作是念我得记别心高举

菩提勇识或被他记心高举　　住慢心故应知即彼是少智

依于名因欲恼乱故魔来至　　作如是言汝及父母名如是

当知是汝七代先祖之名字　　汝于某时当得作佛名如是

净行禅定由此出现于如是　　汝曾所修功德之行今亦然

若闻此语菩提勇识贡高者　　应知即此魔所发起是少智

若有依止寂静住所及城邑　　山豀旷野或依寂静林薮中

菩提勇識矜讚自能毀他者　　應知即此魔所發起是少智
恒住野宅土境村邑聚落中　　勳勇催務成熟有情求菩提
恒不起於聲聞緣覺心　　是即說於善逝子之寂靜心
若有山谷廣闊五百由旬量　　充滿毒蛇設住衆多俱胝歲

菩提勇識不了如是寂靜者　　起增上慢即名住於憒鬧中
菩提勇識為有情故勳精進　　獲得靜慮根力解脫三摩地
呰謗於彼念非行於寂靜行　　勝勢說為即彼住於魔境界
若住聚落無間住於寂靜處　　離二乘心決定希有勝菩提

趣離他行是寂名為住寂靜　　菩提勇識試探彼者名自壞

聖勝慧到彼岸功德寶集偈善知識品第二十二

是故速希真妙最上菩提心　　大智應當真實摧伏我慢時
如諸病者為除病故憑良醫　　以不放逸應依伏於善知識

三十

菩提勇識諸有趣入上菩提　　與到彼岸應知俱是善知識
彼等顯示相應之行所修處　　以二種因速能證得佛菩提
住十方界過現未來諸善逝　　悉皆行此彼岸之道無有異
所有趣口於此最上菩提心　　此到彼岸說如明燈是上師

菩提勇识矜赞自能毁他者　　应知即此魔所发起是少智

恒住野宅土境村邑聚落中　　勤勇唯务成熟有情求菩提

恒不起于欣乐声闻缘觉心　　是即说于善逝子之寂静心

若有山谷广阔五百由旬量　　充满毒蛇设住众多俱胝岁

菩提勇识不了如是寂静者　　起增上慢即名住于愦闹中

菩提勇识为有情故勤精进　　获得静虑根力解脱三摩地

哂谤于彼念非行于寂静行　　胜势说为即彼住于魔境界

若住聚落无间住于寂静处　　离二乘心决定希有胜菩提

趣离他行是寂名为住寂静　　菩提勇识试探彼者名自坏

圣胜慧到彼岸功德宝集偈善知识品第二十二

是故速希真妙最上菩提心　　大智应当真实摧伏我慢时

如诸病者为除病故凭良医　　以不放逸应依伏于善知识

菩提勇识诸有趣入上菩提　　与到彼岸应知俱是善知识

彼等显示相应之行所修处　　以二种因速能证得佛菩提

住十方界过现未来诸善逝　　悉皆行此彼岸之道无有异

所有趣口于此最上菩提心　　此到彼岸说如明烛是上师

67

勝慧彼岸如彼所有空自性	此一切法所了性空亦復然
諸法皆空依無相門了達者	能行此行是行諸佛之慧行
有情虛妄欣樂計著於飲食	諸有染意著輪迴者恒流轉
我及我所二俱空無非實有	愚童無智如虛空中自作結
如於飲食顛倒起於妻藥想	雖復毒藥未曾入腹亦悶絕
如是愚童執著我及我所者	起我想故恒計非實住生死
如彼執著依彼說為諸惑染	真實說此我及我所終無緣
於此彼亦無所改變惑淨相	菩提勇識若了勝慧到彼岸

贍部洲中所有眾生無有餘	悉皆發起最上無比菩提心
慧施於彼經歷百千俱胝歲	亦為有情皆悉迴向菩提用
若懃精進於此勝慧到彼岸	乃至一日修行相應之行者
布施福聚於此不能及少分	是故忘疲應恒趣入於勝慧

行最勝行勝慧彼岸禪定者	雖發大悲不起眾生之想念
爾時大智為諸眾生作施慮	於國城中為生恒行乞食用
若有勇識於此久遠時所繫	為因度脫人天三塗有情故
於有情界欲示彼岸大道者	晝夜應懃於此勝慧到彼岸

胜慧彼岸如彼所有空自性　　此一切法所了性空亦复然

诸法皆空依无相门了达者　　能行此行是行诸佛之慧行

有情虚妄欣乐计着于饮食　　诸有染意着轮回者恒流转

我及我所二俱空无非实有　　愚童无智如虚空中自作结

如于饮食疑倒起于毒药想　　虽复毒药未曾入腹亦闷绝

如是愚童执着我及我所者　　起我想故恒计非实住生死

如彼执着依彼说为诸惑染　　真实说此我及我所净无缘

于此彼亦无所改变惑净相　　菩提勇识若了胜慧到彼岸

赡部洲中所有众生无有余　　悉皆发起最上无比菩提心

慧施于彼经历百千俱胝岁　　亦为有情皆悉回向菩提因

若勤精进于此胜慧到彼岸　　乃至一日修行相应之行者

布施福聚于此不能及少分　　是故忘疲应恒趣入于胜慧

行最胜行胜慧彼岸禅定者　　虽发大悲不起众生之想念

尔时大智为诸众生作施处　　于国城中为生恒行乞食用

若有勇识于中久远时所系　　为因度脱人天三涂有情故

于有情界欲示彼岸大道者　　昼夜应勤于此胜慧到彼岸

譬如有人忽於差別時分中	獲最勝珠先未曾有喜非常
其事未久因慢意故而失墜	未獲其珠由推尋故生苦惱
趣入最上大菩提寶亦如是	不應失墜勝慧彼岸之禪定
獲大寶珠取之懇懃而收掌	速行去者其心安止亦復然

聖勝慧到彼岸功德寶集偈卷中

三十二

聖勝慧到彼岸功德寶集偈卷下

聖勝慧到彼岸功德寶集偈天主品第二十三

| 譬如日出離於雲翳光赫奕 | 一切黑闇悉皆照破而顯現 |
| 所有螢光照耀物命之流類 | 星月諸光悉皆映蔽令不現 |

菩提勇識勝慧彼岸亦如是	修行最上空性無相之行者
智者善能摧破一切黑闇見	能鎮有情菩提勇識及二乘
譬如皇子欲捨眾妙濟貧民	悉堪依仗應極尊重而歸仰
只令尚循欲濟眾多之黎庶	若得封立紹王位時有何言

譬如有人忽于差别时分中　　获最胜珠先未曾有喜非常

其事未久因慢意故而失坠　　未获其珠由谁寻故生苦恼

趣入最上大菩提宝亦如是　　不应失坠胜慧彼岸之禅定

获大宝珠取之殷勤而收掌　　速行去者其心安止亦复然

圣胜慧到彼岸功德宝集偈卷中

圣胜慧到彼岸功德宝集偈卷下

圣胜慧到彼岸功德宝集偈天主品第二十三

譬如日出离于云翳光赫奕　　一切黑暗悉皆照破而显现

所有萤光照耀物命之流类　　星月诸光悉皆映蔽令不现

菩提勇识胜慧彼岸亦如是　　修行最上空性无相之行者

智者善能摧破一切黑暗见　　能镇有情菩提勇识及二乘

譬如皇子欲舍众财济贫民　　悉堪依仗应极尊重而归仰

只今尚犹欲济众多之黎庶　　若得封立绍王位时有何言

菩提勇識能行勝慧亦復然　　施行甘露能令人天感歡悅
只今尚猶極能饒益諸眾生　　得法王位趣入於彼有何言
聖勝慧到彼岸功德寶集偈正慢品第二十四
當爾之時其魔即起懊惱心　　憂愁逼迫苦悴不樂心怯弱
念言云何令此勇識心退屈　　為恐怖故焚燒諸方流星矢

若時智者彼等具有真實念　　晝夜緣慮勝慧彼岸最上義
爾時三業猶如羽鳥遊虛空　　黑朋之類於此安能得其便
菩提勇識若時發起於鬥諍　　牙不相和由是心意憤恚者
爾時魔眾便得安樂生勝喜　　念言彼二已遠離於勝勢智

二遠離故彼即誠如此舍遮　　二俱已破本昔所發之誓願
發起瞋恚離忍豈有證菩提　　爾時諸魔及與眷屬共歡喜
菩提勇識若有未得記別者　　於得記別發起瞋怒鬥諍心
發起憎恚於時所經剎那數　　於爾所劫再應被著堅甲冑

佛證菩提皆由忍辱到彼岸　　應作是念是心能損非良善
各懺罪愆後亦誠慎莫復造　　莫生歡喜應當隨學正覺法
聖勝慧到彼岸功德寶集偈所學品第二十五
若修學時無有所許所學相　　能學及與所學之法無所緣

菩提勇识能行胜慧亦复然	施行甘露能令人天感欢悦
只今尚犹极能饶益诸众生	得法王位趣入于彼有何言

圣胜慧到彼岸功德宝集偈正慢品第二十四

当尔之时其魔即起懊恼心	忧愁逼迫苦悴不乐心怯弱
念言云何令此勇识心退屈	为恐怖故焚烧诸方流星矢
若时智者彼等具有真实念	昼夜缘虑胜慧彼岸最上义
尔时三业犹如羽鸟游虚空	黑朋之类于此安能得其便
菩提勇识若时发起于斗争	牙不相和由是心意愤恚者
尔时魔众便得安乐生胜喜	念言彼二已远离于胜势智
二远离故彼即诚如毗舍遮	二俱已破本昔所发之誓愿
发起瞋恚离忍岂有证菩提	尔时诸魔及与眷属共欢喜
菩提勇识若有未得记别者	于得记别发起瞋怒斗争心
发起憎恚于时所经刹那数	于尔所劫再应被着坚甲胄
佛证菩提皆由忍辱到彼岸	应作是念是心能损非良善
各忏罪愆后亦戒慎莫复造	莫生欢喜应当随学正觉法

圣胜慧到彼岸功德宝集偈所学品第二十五

若修学时无有所许所学相	能学及与所学之法无所缘

不念此二是學及與非所學　能如是學即名隨學正覺法

菩提勇識若有了達如是學　即彼名為恒不廢學皆無雜

為正覺法令歡悅故彼學此　名學勝學即彼巧便無所緣

諸發智光如是依行勝慧行　乃至不生於一念許不善心

譬如世間日出遊於虛空界　光所鎮伏空界之暗無所有

諸有行 此勝慧彼岸之行者　即說此中備足一切彼岸行

於身見中具有六十二種見　具足於此諸到彼岸亦復然

譬如世間若有斷壞命根者　所有一切根肢等皆歸滅盡

行勝慧行大智導師亦復然　即說於此包含一切到彼岸

菩提勇識明了巧便智慧者　過學一切聲聞緣覺諸功德

不住於彼彼無所起之欲心　念言此事是我所學故修學

聖勝慧到彼岸功德寶集偈　幻化品第二十六

真實趣於無上等提不退轉　於所義心真實能作隨喜者

稱量所有三千須彌應有限　於此隨喜所獲福善不可量

能求善利欲作饒益眾生類　即為隨喜所有一切諸善根

是故彼等獲諸勝勢功德時　為除苦惱於諸世間施妙法

菩提勇識若於諸法無妄念　善能了達空性無相無戲論

不念此二是学及与非所学　　能如是学即名随学正觉法

菩提勇识若有了达如是学　　即彼名为恒不废学皆无杂

为正觉法令欢悦故彼学此　　名学胜学即彼巧便无所缘

诸发智光如是依行胜慧行　　乃至不生于一念许不善心

譬如世间日出游于虚空界　　光所镇伏空界之暗无所有

诸有行此胜慧彼岸之行者　　即说此中备足一切彼岸行

于身见中具有六十二种见　　具足于此诸到彼岸亦复然

譬如世间若有断坏命根者　　所有一切根肢悉皆归灭尽

行胜慧行大智导师亦复然　　即说于此包含一切到彼岸

菩提勇识明了巧便智慧者　　遍学一切声闻缘觉诸功德

不住于彼彼无所起之欲心　　念言此事是我所学故修学

圣胜慧到彼岸功德宝集偈幻化品第二十六

真实趣于无上菩提不退转　　于所发心真实能作随喜者

称量所有三千须弥应有限　　于此随喜所获福善不可量

能求善利欲作饶益众生类　　即为随喜所有一切诸善根

是故彼等获诸胜势功德时　　为除苦恼于诸世间施妙法

菩提勇识若于诸法无妄念　　善能了达空性无相无戏论

即彼不以持二種慧求菩提　　其禪定者遍修最上慧彼岸

如虛空界與其虛空無相違　　是故若有究竟不可有所得
菩提勇識能行如是勝慧者　　亦如虛空即能修習寂滅行
如眾人蕳術力幻出於士夫　　彼不念言令生奇異作此事

雖見於彼呈顯種種之幻術　　彼終無身無心亦無其名號
修習如是勝慧彼岸亦復然　　恒不念云達菩提時度有情
受生差別是故所作眾多事　　見之如幻無所分別無念修
譬如世尊化出化佛作佛事　　於彼所作無有少分而自矜

菩提勇識能行慧行亦如是　　示現種種猶如幻化所作事
譬如木工巧藝刻作男女像　　令彼運轉造作種種之事業
菩提勇識能行勝慧亦復然　　以無念智造作種種之事業

聖勝慧到彼岸功德寶集偈精微品第二十七

諸有如是大智能行勝慧者　　諸天集會恭敬合掌而作禮
所有十方一切世界諸如來　　真實演揚讚彼所有功德蘊
如恒河沙所有國土眾生類　　假使爾所悉皆變作諸惡魔
一一毛端復亦化出爾所魔　　彼等悉皆不能嬈亂智菩者
菩提勇識以四種因真智力　　而彼四魔無能傾動屈伏者

即彼不以将二种慧求菩提　　其禅定者进修最上慧彼岸

如虚空界与其虚空无相违　　是故若有究竟不可有所得

菩提勇识能行如是胜慧者　　亦如虚空即能修习寂灭行

如众人前术力幻出于士夫　　彼不念言令生奇异作此事

虽见于彼呈显种种之幻术　　彼终无身无心亦无其名号

修习如是胜慧彼岸亦复然　　恒不念云达菩提时度有情

受生差别是故所作众多事　　见之如幻无所分别无念修

譬如世尊化出化佛作佛事　　于彼所作无有少分而自矜

菩提勇识能行慧行亦如是　　示现种种犹如幻化所作事

譬如木工巧艺刻作男女像　　令彼运转造作种种之事业

菩提勇识能行胜慧亦复然　　以无念智造作种种之事业

圣胜慧到彼岸功德宝集偈精微品第二十七

诸有如是大智能行胜慧者　　诸天集会恭敬合掌而作礼

所有十方一切世界诸如来　　真实演畅赞彼所有功德鬘

如恒河沙所有国土众生类　　假使尔所悉皆变作诸恶魔

一一毛端复亦化出尔所魔　　彼等悉皆不能娆乱智慧者

菩提勇识以四种因真智力　　而彼四魔无能倾动屈伏者

依空而住復於眾生而不捨　如說而作及與善逝所記別
是如來母如是勝慧到彼岸　演說於此菩提勇識若欣樂
以真實心現作求修勤精進　應智柔和即趣入於一切智
法界真如於此無依而安住　譬如浮雲由無住故住空中

由持明呪履空欲住無住處　以呪威神非時攝受花穀樹
菩提勇識行如是行極明利　令得了悟及正覺法無所緣
能宣說者求法觀者無所緣　示欣寂滅愛樂安住於功德
除諸如來所餘一切安住處　應供解脫聲聞及與獨覺眾

所有寂滅等持真實寂安樂　住於此者勝一切住復無邊
譬如羽鳥雖翔空中而不墮　魚遊水內不被氣閉之所沒
菩提勇識以靜慮故到彼岸　得住於空不歸圓寂亦如是
超諸有情欲至最上功德聚　欲證正覺最勝希有無上智

欲施勝法欲行真實妙施者　應當依止諸救度者勝依處
聖勝慧到彼岸功德寶　集偈散花品第二十八
救度所說所有一切學處中　即此學處勝過一切無能及
若有大智欲學一切到彼岸　應學於此佛所修學慧彼岸
此即名為上法伏藏如法藏　是諸佛種一切有情安樂藏

依空而住复于众生而不舍　　如说而作及与善逝所记别

是如来母如是胜慧到彼岸　　演说于此菩提勇识若欣乐

以真实心现作求修勤精进　　应智柔和即趣入于一切智

法界真如于此无依而安住　　譬如浮云由无住故住空中

由持明咒履空欲住无住处　　以咒威神非时摄受花敷树

菩提勇识行如是行极明利　　令得了悟及正觉法无所缘

能宣说者求法观者无所缘　　示欣寂灭爱乐安住于功德

除诸如来所余一切安住处　　应供解脱声闻及与独觉众

所有寂灭等持真实寂安乐　　住于此者胜一切住复无边

譬如羽鸟虽翔空中而不坠　　鱼游水内不被气闭之所没

菩提勇识以静虑故到彼岸　　得住于空不归圆寂亦如是

超诸有情欲至最上功德聚　　欲证正觉最胜希有无上智

欲施胜法欲行真实妙施者　　应当依止诸救度者胜依处

圣胜慧到彼岸功德宝集偈散花品第二十八

救度所说所有一切学处中　　即此学处胜过一切无能及

若有大智欲学一切到彼岸　　应学于此佛所修学慧彼岸

此即名为上法伏藏如法藏　　是诸佛种一切有情安乐藏

過去未來十方世界諸如來　皆從此出於法界躰無所蓋
所有一切叢林樹木花果實　無遺無餘悉皆從此大地生
於時大地無有損減無增長　實無所壞無所私念無猒惡
諸善逝子聲聞獨覺人天眾　及諸有情所有一切安隱法

悉皆從此最上勝慧彼岸生　於勝慧體無有盡極亦無增
世間所有上中下品眾生類　一切皆從無明而生善逝說
因緣和合真實生此苦輪迴　於無明輪無所損減及增長
所有智儀門及方便根本法　皆從於此最上勝慧彼岸生

因緣和合真實所生業道輪　勝慧彼岸無有減盡無增長
菩提勇識若於緣起相由法　慧達如是無生及與無滅盡
譬如杲日出於雲翳破諸暗　摧破無明黑暗之障證自然
聖勝慧到彼岸功德寶集偈隨順品第二十九

具大威德安住四種靜慮時　不依於彼亦復無有安住者
爾時所有四種靜慮之支分　即能作彼真妙最上菩提依
獲上勝慧安住於諸靜慮者　亦能受用四種真妙無色定
此諸靜慮能益最上勝菩提　菩提勇識非因漏盡而修學

过去未来十方世界诸如来　　皆从此出于法界体无所尽

所有一切丛林树木花果实　　无遗无余悉皆从此大地生

于时大地无有损减无增长　　实无所坏无所私念无厌恶

诸善逝子声闻独觉人天众　　及诸有情所有一切安隐法

悉皆从此最上胜慧彼岸生　　于胜慧体无有尽极亦无增

世间所有上中下品众生类　　一切皆从无明所生善逝说

因缘和合真实生此苦轮回　　于无明轮无所损减及增长

所有智仪门及方便根本法　　皆从于此最上胜慧彼岸生

因缘和合真实所生业道轮　　胜慧彼岸无有减尽无增长

菩提勇识若于缘起相由法　　慧达如是无生及与无灭尽

譬如杲日出于云翳破诸暗　　摧破无明黑暗之障证自然

圣胜慧到彼岸功德宝集偈随顺品第二十九

具大威德安住四种静虑时　　不依于彼亦复无有安住者

尔时所有四种静虑之支分　　即能作彼真妙最上菩提依

获上胜慧安住于诸静虑者　　亦能受用四种真妙无色定

此诸静虑能益最上胜菩提　　菩提勇识非因漏尽而修学

修此功德即為甚奇未曾有
諸住於彼若復其身滅謝時
譬如於此生長南贍部洲人
見彼所有天宮所攝妙境界

菩提勇識如是執持勝功德
尋住欲界於此無有所染著
大士唯自饒益有情令成熟
慮恐損失菩提功德到彼岸

譬如有人獲得寄異大伏藏
後於異時其人復取彼伏藏
菩提勇識如是大智亦復然
勝樂靜慮靜慮等持得復捨

菩提勇識住於靜慮等持中
雖住等持即名擇繫散亂者
又復若有微妙色聲香味觸
樂菩提心遠離聲聞緣覺乘

由以無相住於靜慮三摩地
如彼所念再復受生於欲界
於上天宮先未曾住後達彼
後復還本於此不生於貪欲

勤於禪定安住靜慮等持已
如蓮離水即不住著愚童法
即淨國土漸到彼岸利益者
即不欣樂慕求生彼無色界

於彼不生貪欲悭恡染著心
得已還家於彼不空染著心
獲得歡喜生樂靜慮四等持
悲愍有情慈心復入欲界中

若生樂著聲聞及與獨覺乘
失佛功德如彼船舶舟破散
於彼五欲假使精勤而受用
應知是名恒行精進住等持

修此功德即为甚奇未曾有　　由以无相住于静虑三摩地

诸住于彼若复其身灭谢时　　如彼所念再复受生于欲界

譬如于此生长南赡部洲人　　于上天宫先未曾往后达彼

见彼所有天宫所摄妙境界　　后复还本于此不生于贪欲

菩提勇识如是执持胜功德　　勤于禅定安住静虑等持已

再住欲界于此无有所染着　　如莲离水即不住着愚童法

大士唯自饶益有情令成熟　　即净国土满到彼岸利益者

虑恐损失菩提功德到彼岸　　即不欣乐慕求生彼无色界

譬如有人获得奇异大伏藏　　于彼不生贪欲悭吝染着心

后于异时其人复取彼伏藏　　得已还家于彼不空染着心

菩提勇识如是大智亦复然　　获得欢喜生乐静虑四等持

胜乐静虑静虑等持得复舍　　悲愍有情慈心复入欲界中

菩提勇识住于静虑等持中　　若生乐着声闻及与独觉乘

虽住等持即名掉举散乱者　　失佛功德如彼船翁舟破散

又复若有微妙色声香味触　　于彼五欲假使精勤而受用

乐菩提心远离声闻缘觉乘　　应知是名恒行精进住等持

為餘有情數數趣故淨思者　應以勇猛勤行精進到彼岸
譬如奴僕為主所權而給侍　菩提勇識屬諸眾生亦復然
如彼奴僕雖被終身而打罵　於主恒無對語返報而返酬
心恒念云此人將無殺於我　以極怖畏恭謹恒被主所伏

為菩提故趣上菩提亦復然　於諸有情如僕侍主而安住
由此圓證無上菩提諸功德　猶如草木所生之火復能燒
以無私心應當棄捨自安樂　於晝夜中勤於眾生作饒益
譬如慈母志心鞠育於一子　應恒一心莫起厭倦退屈意

聖勝慧到彼岸功德寶集偈常啼品　第三十

菩提勇識若欲長時住輪迴　為利有情淨諸國土勤定者
即無塵許所起疲勞厭倦心　於彼具足精進彼岸無昏譖
若有非智菩提勇識作是念　為求菩提於俱胝劫長勤苦
修真實法於長時中生苦惱　即懈怠者損壞精進到彼岸

始從最初發起無上菩提心　及至最後證於無上大菩提
而作此念同於一晝一夜量　應知大智明了之者行精進
菩提勇識忽聞有說如是言　能破有彌汝方得證無上果
聞已於彼念其分量生退屈　菩提勇識爾時名為生懈怠

为余有情数数趣故净思者　　应以勇猛勤行精进到彼岸

譬如奴仆为主所权而给侍　　菩提勇识属诸众生亦复然

如彼奴仆虽被终身而打骂　　于主恒无对语回报而返酬

心恒念云此人将无杀于我　　以极怖畏恭谨恒被主所伏

为菩提故趣上菩提亦复然　　于诸有情如仆侍主而安住

由此圆证无上菩提诸功德　　犹如草木所生之火复能烧

以无私心应当弃舍自安乐　　于昼夜中勤于众生作饶益

譬如慈母志心鞠育于一子　　应恒一心莫起厌倦退屈意

圣胜慧到彼岸功德宝集偈常啼品第三十

菩提勇识若欲长时住轮回　　为利有情净诸国土勤定者

即无尘许所起疲劳厌倦心　　于彼具足精进彼岸无昏滞

若有非智菩提勇识作是念　　为求菩提于俱胝劫长勤苦

修真实法于长时中生苦恼　　即懈怠者损坏精进到彼岸

始从最初发起无上菩提心　　及至最后证于无上大菩提

而作此念同于一昼一夜量　　应知大智明了之者行精进

菩提勇识忽闻有说如是言　　能破须弥汝方得证无上果

闻已于彼念其分量生退屈　　菩提勇识尔时名为生懈怠

若作是念其量非大無所難　　一刹那頃破彼須彌如灰塵
即是大智菩提勇識行精進　　不久能證救度所獲大菩提
為欲饒益成熟一切群生類　　若身語意發起勇猛大精進
住我想者是即名為生懈怠　　與一切智遠離相去如雲泥

於一切時不念身心及有情　　遠離相想修行於此不二法
樂欲如是不壞寂滅上菩提　　即名饒益修行精進到彼岸
若於餘處聞說惡言麁穢語　　菩提勇識以智為樂生歡喜
知無說聽是何於何何所因　　是名柔善行最上忍到彼岸

若將眾寶遍滿三千大千界　　供世間解諸佛聲聞及獨覺
菩提勇識若有忍辱勝善法　　布德福聚於此不能及少分
住於忍者其身最極得清淨　　三十二相及與威德無邊際
為諸眾生演說最勝妙法空　　持此忍辱智力能令眾生喜

或有眾生持於微妙栴檀聚　　以恭敬心塗於菩提勇識身
復有眾生將猛火炭置頭上　　菩提勇識於二應起平等心
大智菩提勇識如是行忍辱　　若將此心迴向無上菩提者
於諸世間智者能行忍辱故　　即能鎮伏聲聞獨覺諸有情

若作是念其量非大无所难　　一刹那顷破彼须弥如灰尘

即是大智菩提勇识行精进　　不久能证救度所获大菩提

为欲饶益成熟一切群生类　　若身语意发起勇猛大精进

住我想者是即名为生懈怠　　与一切智远离相去如云泥

于一切时不念身心及有情　　远离相想修行于此不二法

乐欲如是不坏寂灭上菩提　　即名饶益修行精进到彼岸

若于余处闻说恶言粗秽语　　菩提勇识以智为乐生欢喜

知无说听是何于何何所因　　是名柔善行最上忍到彼岸

若将众宝遍满三千大千界　　供世间解诸佛声闻及独觉

菩提勇识若有忍辱胜善法　　布施福聚于此不能及少分

住于忍者其身最极得清净　　三十二相及与威德无边际

为诸众生演说最胜妙法空　　持此忍辱智力能令众生喜

或有众生持于微妙旃檀聚　　以恭敬心涂于菩提勇识身

复有众生将猛火炭置头上　　菩提勇识于二应起平等心

大智菩提勇识如是行忍辱　　若将此心回向无上菩提者

于诸世间智者能行忍辱故　　即能镇伏声闻独觉诸有情

行忍辱者亦復應作如是念
隨地獄菩傍生閻羅王界中
設被繫縛鞭杖及遭於殺害
世間所有一切苦惱我當忍

有情因慾受諸苦惱不能出
為求菩提今何不能行忍辱
刖截手足割耳鼻斷於體
菩提勇識是住忍辱到彼岸

聖勝慧到彼岸功德寶集偈法上品第三十一

以律儀戒求證寂滅德名稱
所有一切所修禁戒咸趣入
欲證獨覺及求聲聞菩提者

無所毀犯安住十力所行境
為諸有情亦復迴向於菩提
即非巧便是名混破律儀戒

若能迴向無上菩提大寂滅
此法善妙生上菩提功德故
於饒益者若法摧毀於菩提
菩提勇識設復受用五欲樂

雖勤欲樂是住持戒到彼岸
即此名為具功德者戒律儀
是即名為混雜禁戒導師說
若能歸依正覺法藏賢聖僧

作意恒求具正徧知明行足
若俱胝劫設行十種善業道
爾時禁戒瑕玷所累是毀犯
護持律儀能向無上大菩提

應知智者住於律儀到彼岸
其心樂著聲聞及與獨覺道
發此心者其過重於他勝罪
不生我慢無有高舉而自矜

行忍辱者亦复应作如是念　　有情因欲受诸苦恼不能出

堕地狱苦傍生阎罗王界中　　为求菩提今何不能行忍辱

设被系缚鞭杖及遭于杀害　　刵截手足割耳劓鼻断于臂

世间所有一切苦恼我当忍　　菩提勇识是住忍辱到彼岸

圣胜慧到彼岸功德宝集偈法上品第三十一

以律仪戒求证寂灭德名称　　无所毁犯安住十力所行境

所有一切所修禁戒咸趣入　　为诸有情亦复回向于菩提

欲证独觉及求声闻菩提者　　即非巧便是名混破律仪戒

若能回向无上菩提大寂灭　　虽勤欲乐是住持戒到彼岸

此法善妙生上菩提功德故　　即此名为具功德者戒律仪

于饶益者若法摧毁于菩提　　是即名为混杂禁戒导师说

菩提勇识设复受用五欲乐　　若能归依正觉法藏贤圣僧

作意恒求具正遍知明行足　　应知智者住于律仪到彼岸

若俱胝劫设行十种善业道　　其心乐着声闻及与独觉道

尔时禁戒瑕垢所累是毁犯　　发此心者其过重于他胜罪

护持律仪能向无上大菩提　　不生我慢无有高举而自矜

無復我想處離棄捨眾生想　　菩提勇識謂住律儀到彼岸
菩提勇識若能修行勝慧道　　謂諸有情此持禁戒此起戒
若毀如是分別執著差別心　　名極破犯即便退失清淨戒
若無我想亦復無有眾生想　　離憨想者於彼無有非禁戒

若有於處不起虛爲戒非戒　　是名律儀真實救者所演說
清淨有情若具如是之禁戒　　於愛非愛惡皆不著無依止
頭目手足悉能捨施無退屈　　恒能捨施一切所有無怖畏
了諸法性無實無我如幻化　　將自身肉設施於他無退屈

爾時能施外財事體有何言　　於時豈有所起慳悋貪愛心
若起我想於其財物執我所　　諸愚癡者於時豈有捨施心
諸慳悋者當來生於餓鬼趣　　設得人身他時必受於貧窮
菩提勇識若時觀諸貧窮者　　以愛樂心恒行無悋廣大施

布施四洲美妙莊嚴如嚕淨　　得洲所悅不及捨施之歡喜
大智明了菩提勇識作是念　　於三界中所有一切眾生類
願皆獲此所施之物而捨施　　為諸有情亦復迴向大菩提
行此施已即不住於諸法中　　於彼恒無貪愛欣求異熟果

无复我想远离弃舍众生想　　菩提勇识谓住律仪到彼岸

菩提勇识若能修行胜势道　　谓诸有情此持禁戒此起戒

若毁如是分别执着差别心　　名极破犯即便退失清净戒

若无我想亦复无有众生想　　离欲想者于彼无有非禁戒

若有于处不起贡高戒非戒　　是名律仪真实救者所演说

清净有情若具如是之禁戒　　于爱非爱悉皆不着无依止

头目手足悉能舍施无退屈　　恒能舍施一切所有无怖畏

了诸法性无实无我如幻化　　将自身肉设施于他无退屈

尔时能施外财事体有何言　　于时岂有所起悭吝贪爱心

若起我想于其财物执我所　　诸愚痴者于时岂有舍施心

诸悭吝者当来生于饿鬼趣　　设得人身他时必受于贫穷

菩提勇识若时观诸贫穷者　　以爱乐心恒行无边广大施

布施四洲美妙庄严如唾涕　　得洲所悦不及舍施之欢喜

大智明了菩提勇识作是念　　于三界中所有一切众生类

愿皆获此所施之物而舍施　　为诸有情亦复回向大菩提

行此施已即不住于诸法中　　于彼恒无贪爱欣求异熟果

如是捨施是諸智者行施行	所施雖少所獲果報無有量
假使三有所有一切衆生類	經無邊劫供世間解諸如來
并供施於一切聲聞及獨覺	以此善根求證聲聞諸功德
若有權巧菩提勇識大智慧	於前所修所有福聚生隨喜
爲諸有情善能迴向上菩提	以此迴向能鎭一切諸有情
如少價直廣大雜類珎寶聚	但將一種琉璃之寶過於彼
於諸有情所行普施大福聚	菩提勇識隨喜過彼亦復然
菩提勇識若於衆生行布施	於彼無慳亦復不執於我所
是故增長廣大善根之威德	如初滿月出於雲瞖光皎潔

聖勝慧到彼岸功德寶集偈囑累品第三十二

菩提勇識以施能除餓鬼報	斷滅一切貧乏及與諸煩惱
行行獲得具足無邊大受用	施能成熟受諸苦惱有情類
戒能捨離一切衆多畜生趣	能除八難恒得生於寬閒處
忍辱能獲微妙廣大相好身	金色端嚴一切有情悉所愛
由精進故白法功德無所礙	獲無邊智及諸勝慧功德識
修靜慮者遠離欺奇欲界樂	現能求趣智及神通之等持
由勝慧故了達一切諸法性	實能超越三世界中無有餘

如是舍施是诸智者行施行　　所施虽少所获果报无有量

假使三有所有一切众生类　　经无边劫供世间解诸如来

并供施于一切声闻及独觉　　以此善根求证声闻诸功德

若有权巧菩提勇识大智慧　　于前所修所有福聚生随喜

为诸有情善能回向上菩提　　以此回向能镇一切诸有情

如少价直广大杂类珍宝聚　　但将一种琉璃之宝过于彼

于诸有情所行普施大福聚　　菩提勇识随喜过彼亦复然

菩提勇识若于众生行布施　　于彼无悭亦复不执于我所

是故增长广大善根之威德　　如初满月出于云翳光皎洁

圣胜慧到彼岸功德宝集偈嘱累品第三十二

菩提勇识以施能除饿鬼报　　断灭一切贫乏及与诸烦恼

行行获得具足无边大受用　　施能成熟受诸苦恼有情类

戒能舍离一切众多畜生趣　　能除八难恒得生于容闲处

忍辱能获微妙广大相好身　　金色端严一切有情甚所爱

由精进故白法功德无所碍　　获无边智及诸胜势功德藏

修静虑者远离毁责欲界乐　　现能求趣智及神通之等持

由胜慧故了达一切诸法性　　实能超越三世界中无有余

於人中尊轉微妙寶勝法輪	除苦惱故爲諸有情演妙法
菩提勇識爲令圓滿此法故	清諸國土及持清淨諸衆生
受持佛種及亦受持於法種	亦復受持大衆及與一切法
治衆生病能作最勝大醫王	具足要故慧菩提道所演說
此經名爲功德寶集菩提道	爲諸衆生令獲此道而開示

聖勝慧到彼岸功德寶集偈囑累品第三十二 下卷終

于人中尊转微妙宝胜法轮　　除苦恼故为诸有情演妙法

菩提勇识为令圆满此法故　　清诸国土及持清净诸众生

受持佛种及亦受持于法种　　亦复受持大众及与一切法

治众生病能作最胜大医王　　具足要诀慧菩提道所演说

此经名为功德宝集菩提道　　为诸众生令获此道而开示

圣胜慧到彼岸功德宝集偈嘱累品第三十二　下卷终

号四十四

竊聞闡揚真諦始在空門之奧原
迷徒斯之正法俾梵本大覺之深慈誘化
可推性相之源若非金口之妙音豈聞儀
甘露之洧以昔因滅火之宅之西來重演唐言
地之東土教義深之樞可之苦聚欲堅心
惟茲三卷之文旨玄濟廣演宗乘欲之千經
寶集偈含萬法之誠將窮大機之塵欲量功
之要論乘旨至聖難名福之善跟千之刊妙
巨海之水其滴可知四生之塵持之善所成功
多易測惟此宗乘之玄言再倫蓮花等命工
良因故將貝葉比立慧滿眾之妙德
典藏印行善誦以茲誦持
造此勝益法藏比立

伏願

當今皇帝太子諸王憑
之尊俸勝因克濟三
宗嗣功大被於邦家
王成寧 又以普天皆慶率

皇帝運延長 茲至善永超十地
　　　　塗之厄福久延於

皇基肇固時享豐登之
遍周法界普及有情 樂世消兵戈之灾
　　　　　　　　同成覺道矣

〔跋〕

〔此跋应为明代刊印时所加。〕

窃闻阐扬真谛，始原大觉之深慈；诱化迷徒，斯在空门之奥典。具迷色空之仪，可推性相之源。若非金口之妙音，岂闻甘露之正法？俾灭火宅之苦聚，欲坚心地之修为。昔因梵本之西来，重演唐言于东土，以兹教义，欲广诵持。故知《宝集偈》者，旨意玄深，宗乘奥妙，最千经之要论，含万法之枢机，克存善诱之功，惟兹三卷之文，诚济四生之尘垢。欲量巨海之水，其滴可知；将穷大地之尘，踪多易测。惟此宗乘之至圣，难名福善之良因，故将贝叶之玄言，再备莲花之妙典。此胜益法藏。比丘慧满众等，命工刊造、印行、普诵，以兹诵持之善所成功德，伏愿当今皇帝、太子、诸王，凭兹至善，永超十地之尊；依此胜因，克济三涂之厄。福久延于宗嗣，功大被于邦家。又以普天皆庆，率王〔土〕咸宁，帝运延长，皇基巩固，时享丰登之乐，世消兵戈之灾，遍周法界，普及有情，同成觉道矣。

藏汉合璧《圣胜慧到彼岸功德宝集偈》影印出版后记

罗 炤

1981年3月15日，北京市文物局将原藏房山县上方山兜率寺后藏经院、"文革"初期移藏市内孔庙保护的二万二千余卷古代佛经运至云居寺文物保管所。第二天，我就到了保管所，见到了堆积在敞开库房中的佛经，其中就有这部明英宗正统十二年（1447年）刊印的藏汉合璧《圣胜慧到彼岸功德宝集偈》（以下简称《宝集偈》），其版式和内容都十分罕见，引起了我的注意。但是，当时我借住保管所，主要任务是撰写研究生毕业论文，无暇顾及这部经典。毕业以后，我先是帮助保管所将杂乱无序的佛经全部依序归位、上架，并留下一份文字记录介绍概况；后来，又在房山县政府的支持下，发掘出石经山上雷音洞中隋朝大业年间安置的佛舍利，撰写了发掘简报。直到1982年春夏，才有时间研究这部藏汉合璧的经典，写出《藏汉合璧〈圣胜慧到彼岸功德宝集偈〉考略》（以下简称《考略》）初稿。

1982年8月，我开始在中央民族学院（现中央民族大学）师从李秉铨先生学习藏文，同时与中国社会科学院民族研究所黄颢先生过从甚密，就《宝集偈》中一些藏文和藏族史的问题向两位先生请教甚多，让我感激不尽。

1983年5月，我赴西藏学经。在此之前，几经修改，将《考略》定稿，交《世界宗教研究》编辑部。限于当时的主客观条件和文章篇幅，仅能附录《宝集偈》汉文经文的录文，藏文经文未能录文。9月间，我在拉萨收到《考略》清样，由于不能核对《宝集偈》原本，加上铅排工艺限制，导致录文出现多处排版、漏校错误。此次影印发表，房山石经与云居寺文化研究中心特约编辑王宇女士将《考略》所附汉文录文与经叶图版进行了逐字核对订正，在此表示感谢。

《考略》在《世界宗教研究》1983年第4期发表，引起国内外学术界的关注。此后，很多学者向我提出，希望看到《宝集偈》原件。因为1983年以后我的工作重点不在云居寺，而自1985年起云居寺从一片废墟逐渐复建成为恢宏的大庙，管理人员变化极大，两万多卷佛经的保管情况也多次变动，连我都难以看到《宝集偈》原件的完整面貌，因而始终无法满足学者们的要求。

四十年来，云居寺的藏汉合璧本《宝集偈》虽然受到国内外学术界的重视，但学者们的注意力大都集中在其卷首的西夏仁宗时期留下的，包括仁宗本人的汉文《题记》和国内外现存的《宝集偈》西夏文本上，藏汉合璧本西夏《题记》后面的正统十二年道深《序》中所记与此版本关系最紧要的班丹扎释较少被关注。1981年至1983年春我曾经比较努力地查寻有关班丹扎释的资料，还拜访过故宫博物院研究班丹扎释塑像的专家步连生先生，因此2010年4月在网上看到张润平公布的班丹扎释传记《西天佛子源流录》的部分内容，知道了云居寺藏汉合璧本《宝集偈》与《西天佛子源流录》同为庆贺班丹扎释七十寿辰，于正统十二年四月印行和编撰完成，我立即赶赴班丹扎释的故乡岷县（《考略》误认为他是萨迦派的西藏大喇嘛），会合张润平查阅原件，确认其真实性，随后请苏航参与研究，出版《西天佛子源流录——文献与初步研究》一书（中国社会科学出版社，2012年7月第1版）。这是《明史》之后，有关明朝时期的西藏历史和宗教，特别是明朝中央政府与西藏地方（包括明朝皇帝与藏传佛教）的关系，最重要的汉文原始资料，是明史和藏学研究领域的重大进展，在国内外越来越受到重视。依据《西天佛子源流录》的记载和明朝时期的汉、藏文相关史料，我撰写《明朝在西藏的主权地位》一文（刊载于《中国藏学》2011年第3期），论述明太祖、明成祖父子两代的治藏方略和具体部署，指出：明朝治理西藏的基本原则是政教分离，明朝中央政府掌握着西藏事务的最高决定权，明成祖（永乐皇帝）确定了明朝时期西藏的政治与宗教体制，明朝皇帝多次派遣的、杨三保和侯显等人率领的进藏使团，都是由数千人的军队组成的，因此，才能让元末明初掌握西藏最高权力但仅有数百人武装的帕木竹巴政权畏服。

1447年写就的《西天佛子源流录》所记班丹扎释亲历的史实，强有力地证明：明朝在西藏享有无可争议的主权。在此之前，国内外权威的藏学研究机构及专家们均认为明朝时期西藏在中国治权之外，我国著名的历史地理学家谭其骧先生甚至公开著文，认为明朝中央政府对西藏"只是一种羁縻关系而已，真正的统治是谈不上的"①。《西天佛子源流录》出版之后，国内外严肃的学者再也无人如此轻率地断言了。事实上，拉萨的西藏历史档案馆收藏有数量众多的明朝档案，可以和《西天佛子源流录》的记载相互印证，能够更加明确、更加充分地显示明朝在西藏的主权地位，只是谭其骧先生一无所知而已。

至此，我对云居寺这部藏汉合璧本《宝集偈》的印行背景及其宗教之外的更多内涵，才有了进一步的了解，认识到只有将此《宝集偈》与《西天佛子源流录》结合起来，才能更加全面和透彻地理解这两部宝贵典籍蕴含的历史文化意义。

《考略》定稿时，我学习藏文仅有半年，在黄颢先生的指导和帮助下，勉力将云居寺《宝集偈》的藏文本与"德格版"和"北京版"《甘珠尔》中的《宝集偈》做了对勘，发现三个藏文本《宝集偈》的颂文几乎完全相同，只有极个别的细微差别。但是，"德格版"和"北京版"《宝集偈》结尾有吐蕃赤松德赞时期（755—797年在位）印度堪布慧明狮子和西藏早期著名译师迦瓦白则共同翻译此经的题记，云居寺藏汉合璧本没有此题记，却有西夏仁宗时期的汉文题记，详细记录了当时的译场人员及其职司。此外，云居寺本与"德格版"和"北京版"的《宝集偈》还有三个差别：（1）云居寺本藏文经题中有 yon–tan（功德）和 rin–po–che（宝）两个词，"德格版"和"北京版"的《宝集偈》经题均缺这两个词，以及与这两个词密切相关的其他一些差别。（2）云居寺本《宝集偈》全经分为三卷，"德格版"和"北京版"本不分卷。（3）云居寺本全经分为三十二品，"北京版"本不分品，"德格版"本则将经首的梵、藏文经名和皈敬语、长行《序》及第一颂作为引子，其余颂文分为八章。根据这些差别，以及卷首西夏《题记》中的两位"梵译"和"亲执梵本证义"的僧人职司，《考略》认为：云居寺藏汉合璧《宝集偈》的藏文本与"德格版"和"北京版"《甘珠尔》中的《宝集偈》不是同一译本，而是同一种经的不同梵文本之异译本；这三种藏文《宝集偈》的颂文几乎完全相同，可能是因为明朝重刊西夏译本时班丹扎释依据《甘珠尔》中的《宝集偈》做了校改。

2009年，段玉泉博士经过细致的对比研究，认为《宝集偈》的西夏文本和汉文本是西夏时期由藏文直接翻译过来，不过其藏文本又都经过西夏时期的僧人重新处理，具体处理方式可能是参照已有的藏文本重新从梵文译出；云居寺藏汉合璧本《宝集偈》卷首西夏题记中的"梵译"，不是指从梵文翻译成西夏文或汉文，而是指由梵文

---

① 谭其骧. 历史上的中国和中国历代疆域[J]. 中国边疆史地研究，1991，1.

翻译成藏文。①

2009年，中国社会科学院图书馆得到西藏梵文贝叶经的全部影印资料，我和叶少勇、苏航共同申请将《宝集偈》的三个拉萨梵文贝叶和纸写本与国外已经刊布的两个梵文本，以及云居寺藏汉合璧本、藏文《甘珠尔》本和西夏文本合勘，以进一步探讨国内外学术界长期研究《宝集偈》梵、藏、汉、西夏文本但依然悬而未决的一些问题，得到批准，然后我向云居寺文物管理处提出申请，得到了《宝集偈》的影印件（内缺五页）。遗憾的是，虽然我们付出极大的努力，却始终看不到拉萨的梵文写本复制件，在对勘了国内外已经公开出版的梵、藏、汉、西夏文本《宝集偈》的部分经文之后，只得终止工作。事后，苏航将自己的一部分研究成果撰文发表，认为："西夏时期翻译《集偈》的过程中有梵僧'亲执梵本证义'，故西夏时期的西夏文及汉文本虽主要译自藏文，但直接参考梵文本的可能性仍然存在，它们与梵文本的关系值得探讨。"②

西夏时期《宝集偈》的梵、藏、汉、西夏文本究竟是什么关系？云居寺藏汉合璧《宝集偈》的藏文和汉文本究竟是西夏时期从梵文本翻译的，还是源自吐蕃时期的藏文译本？明朝时期班丹扎释的校证对云居寺《宝集偈》藏文本是否做出过重要的更动？四十年过去了，虽然学者们的认识比《考略》深入得多，但至今尚未得出确切的结论。现在得到云居寺文物管理处慨允，藏汉合璧《宝集偈》的藏文原貌得以和读者见面，希望有助于学者们做出更加精深的研究。

关于《宝集偈》，还有一个悬而未决的重要问题：它是早期甚至是最早的大乘佛教经典，还是晚期的般若经典。《考略》根据汉译佛经中的般若经典译出时间先后，认为《宝集偈》是晚期的般若经典。当时我完全不知道著名的梵文般若经典研究大家Edward Conze早就详细比对了《八千颂般若经》和《宝集偈》，从内容方面判定《宝集偈》的前两章代表了般若经典最初的思想，可能产生于公元前100年。此后，季羡林先生和日本著名学者汤山明进一步深入研究了《宝集偈》使用的混合梵文语言特征，同样认定它是早期的般若经典。此外，L. M. Joshi和A. K. Warder等名家也都认定《宝集偈》是早期的般若经典。③ 1992年我在《季羡林学术论著自选集》里看到《论梵文本〈圣胜慧到彼岸功德宝集偈〉》一文，才知道只有我认为《宝集偈》是晚期的般若经典。这让我深感惶恐，因为在此之前我对国内外梵文学界关于《宝集偈》的研究成果几乎一无所知，《考略》仅仅根据其汉译本在北宋时期才产生便做出判断，未免孟浪。但是，Edward Conze的论定又让我感到他把问题看得过于简单了，事情还有他不知道的一面：从1984年10月至1985年1月，我在拉萨罗布林卡和布达拉宫先后看到两件完整的《宝集偈》梵文贝叶和纸写本，其中一件的梵文题目是：āryāṣṭasāhasrikāyā bhagavatyā prajñāpāramitāyāḥ bhagavatī ratnaguṇasañcayagāthā（《圣八千颂般若波罗蜜多经功德宝集偈》），另一件的经尾题记明确记载：此经是《八千颂般若波罗蜜多经》的缩写本。④ 这两件梵文写本都明白无误地显示，《宝集偈》是从《八千颂般若经》衍生出来的，因而一定是晚于《八千颂般若经》的。但是，究竟二者相距多长时间？仅凭拉萨这两件梵文写本还无法做出确切判断。

---

① 段玉泉. 语言背后的文化流传——一组西夏藏传佛教文献解读〔D〕. 兰州：兰州大学博士学位论文, 2009：3、170。

② 苏航.《圣胜慧到彼岸功德宝集偈》梵、藏、夏、汉本对勘研究 第一品（一）：第1—10颂〔A〕. 西夏学第8辑〔C〕. 上海：上海古籍出版社, 2011：106.

③ 参见季羡林《论梵文本〈圣胜慧到彼岸功德宝集偈〉》一文，载《季羡林学术论著自选集》551—552、590—594页，北京师范学院出版社, 1991年。

④ 此梵文题记较长，《季羡林学术论著自选集》553页全文迻录。

此后很长时间，我没有再触及《宝集偈》的早晚问题，直到 2012 年房山石经与云居寺文化研究中心成立，我们开始潜心研究房山石经，二三十年前的《宝集偈》形成时间问题又不时在心中浮现。我逐渐地注意到：从东汉到鸠摩罗什、到 8 世纪以前汉译的众多般若经典，除了《金刚经》《仁王般若经》和《胜天王般若经》，其他所有的般若经文都只是长行（散文）形式，没有偈颂（诗）。鸠摩罗什翻译的《金刚经》虽有偈颂，但只有两个各四句的短偈，和《宝集偈》全经皆长篇偈颂差别显著。而且，《金刚经》那两个"四句偈"应该都是后来加的，最初的《金刚经》没有它们。

因为，鸠摩罗什译本《金刚经》有五处说到"四句偈"："若复有人，于此经中受持，乃至四句偈等，为他人说，其福胜彼。""若善男子、善女人，于此经中，乃至受持四句偈等，为他人说，而此福德胜前福德。""若复有人，于此经中，乃至受持四句偈等，为他人说，其福甚多。""若人以此《般若波罗蜜经》，乃至四句偈等，受持读诵、为他人说，于前福德百分不及一，百千万亿分，乃至算数譬喻所不能及。""若有善男子、善女人发菩提心者，持于此经，乃至四句偈等，受持读诵，为人演说，其福胜彼。"这五处经文都把"此经"与"四句偈"连带，但分列。《金刚经》另外还有更多处经文仅单独说"此经"、"是经"，不连带"四句偈"："一切诸佛，及诸佛阿耨多罗三藐三菩提法，皆从此经出。""若复有人得闻是经，不惊、不怖、不畏，当知是人甚为希有。"……这些情况显示：最初的《金刚经》没有"四句偈"，因而经文仅说"此经"、"是经"；后来加了"四句偈"，才在"此经"后面特别连带"乃至四句偈"。

鸠摩罗什译本《金刚经》的两个"四句偈"，前面一个"若以色见我，以音声求我，是人行邪道，不能见如来"，是对其前众多的"随立随扫"式教义问答的总结，内容与前面的长行经文关系密切。但是，后面那个最有名的、影响最大的四句偈"一切有为法，如梦幻泡影，如露亦如电，应作如是观"，突兀地插在《金刚经》的结尾处，其多种形象比喻在前面的长行经文中没有一点影子，显然是从《摩诃般若波罗蜜经·序品第一》的"解了诸法，如幻、如焰、如水中月、如虚空、如响、如犍闼婆城、如梦、如影、如镜中像、如化"汲取的资粮，将长行文字改为偈颂诗句，强加进《金刚经》的，时间应更晚于前面的"四句偈"，但忽略了把前面的五处"乃至四句偈"改为"乃至八句偈"。如果后面这"四句偈"是和前面的"四句偈"一起加进来的，《金刚经》就该是"乃至八句偈"了。

《金刚经》加进偈颂的势头，并未止步于鸠摩罗什译本的前后两个"四句偈"。一百年以后，菩提流支译的《金刚经》又在第一个"四句偈"的后面加了四句："彼如来妙体，即法身诸佛，法体不可见，彼识不能知。"（此后真谛、笈多、玄奘、义净翻译的《金刚经》均有这四句，译文有所不同，义理则完全一致。）如此，则"四句偈"真的变成了"八句偈"，但不妨碍这个《金刚经》（以及真谛等人所译《金刚经》）仍然反复地宣称"若人以此般若波罗蜜经，乃至四句偈等"。

署名"鸠摩罗什译"的《仁王般若经》比《金刚经》大大地增加了偈颂，在其《卷上·菩萨教化品第三》《卷上·二谛品第四》《卷下·护国品第五》各有大段的偈颂。但是，此"鸠摩罗什译"经存有疑点，自南朝齐、梁时期即有异议，而且玄奘翻译的《大般若经》里没有此经，因此本文不把"鸠摩罗什译"《仁王般若经》中的偈颂作为可靠证据。但是，此经在齐、梁以前早已在汉地传播，且影响越来越大，安史之乱以后不空又重新翻译，其中与"鸠摩罗什译"本相应的译文并无特别大的本质性差别。因此，在考察般若经典中的偈颂发展历史时，也不能完全忽视它。

《胜天王般若经》是在南朝梁太清二年（548 年）于阗国沙门求那跋陀赍入梵本，陈天嘉六年（565 年）由中天竺优禅尼国王子月婆首那译出。此经与玄奘所译《大般若经》之第六会为同本，是确凿无疑的产生于印度的般若经典。在《胜天王般若经》卷六《陀罗尼品第十二》、卷七《赞叹品第十五》和《付嘱品第十六》里，有十一段偈颂，而且都是佛和菩萨、天子们脱离经文中的长行，独立地以偈颂的形式说法和颂赞，更是般若经典中前所未有、其他大乘佛教经典里少见的形态。

在《胜天王般若经》译出之前，扶南人曼陀罗仙于梁天监二年（503年）译《文殊师利般若经》，其后不久扶南人僧伽婆罗又再译此经。玄奘译《大般若经》的第七会曼殊室利分，亦为此经之同本异译。这三种《文殊师利般若经》的经文全部是长行，没有偈颂。

考察偈颂在般若经典中出现的历史进程，可以清晰地看出：早期的《八千颂般若经》《二万五千颂般若经》乃至《十万颂般若经》都没有偈颂，《金刚经》短小的"四句偈"是后来陆续添加进的；中期的《仁王般若经》和《胜天王般若经》才有大段的偈颂，但与占绝大多数篇幅的长行相比，这两部经中的偈颂仅居微小的附属地位，而这一时期的《文殊般若经》则仍然全部是长行，没有偈颂。

中国佛教界长期传闻印度有《十万颂般若经》，但自东汉至唐初五百多年间中国信众一直无缘亲见、敬奉，玄奘了解佛友们的渴望，在印度期间辛勤求得总二十万颂的梵本《般若经》三部归国，在其生命的最后阶段，求得唐高宗的恩准，带领译场全体避居山区的玉华宫佛寺，参照三种梵本详加校定，悉依梵本不加省略，耗尽全部生命译出六百卷，再也无力余事，终归圆寂。《大般若经》包括四处、十六会，连印度新出不久、加入了前所未有的密教成分的《般若理趣分》都收入了，却没有《宝集偈》。

义净留学那烂陀寺历时十一载，精勤研究、修行各种法门，得到那烂陀寺宝师子等当时著名大德的信重，最后求得梵本三藏近四百部，合五十余万颂归国，但也没有见过《宝集偈》。

《大智度论》一百卷，对《摩诃般若波罗蜜经》作出系统解说及论证，引经籍极多，几乎对佛教全部关键名词都给出了详细的解释，保存了大量公元四五世纪流传于北印度的原始资料，但是只字未提《宝集偈》。季羡林先生在《论梵文本〈圣胜慧到彼岸功德宝集偈〉》中论定：《宝集偈》（《宝德藏》）中有印度西北部方言的特点，"源于天竺西北部"[1]。《大智度论》的译者鸠摩罗什曾经在天竺西北部的罽宾求学且成就卓著，声名大振，后到长安译出《八千颂般若经》（《小品般若经》)《金刚经》等多部重要般若经典和《中论》等般若空观论著，产生重大影响。如果他知道《宝集偈》，尤其是《宝集偈》与《八千颂般若经》的密切关系，怎么可能不翻译传播呢？

另一方面，藏传佛教和受藏传佛教影响的西夏佛教非常重视《宝集偈》，以致为庆祝班丹扎释七十大寿特意敬献的寿礼是校证、刊印藏汉合璧《宝集偈》。西夏则不仅翻译，而且刊印了很多西夏文《宝集偈》，至今国内外还遗存不少。然而，在早于藏传佛教五百多年就译传印度佛经的汉传佛教，直到10世纪末才译出此经，可是并未产生实际影响。现存梵、藏、汉文典籍显示的《宝集偈》最早出现时间，是8世纪中后期印度堪布慧明狮子和吐蕃时期的著名译师迦瓦白则共同翻译此经。最早的《宝集偈》释论，也是8世纪中后期的印度佛教大师狮子贤所作的《摄功德宝释易知论》（又译《般若摄颂释论易解》《集薄伽梵功德宝颂释易知录》）。[2]

综合以上情况，我认为仅仅根据其内容或语言特征判定《宝集偈》的时间是不周延的，它应该在8世纪前期或中期才产生，玄奘、义净留印期间尚无此经。借云居寺藏汉合璧《宝集偈》影印公开出版之机，补充申述四十年前不完备的一得之见，期盼引起方家关注和更加深入的研究。

云居寺文物管理处慨允影印出版，衷心感谢！续晓玉、王欢、贺铭三位工作人员给予宝贵的帮助，谨此致谢！

---

[1] 《季羡林学术论著自选集》580、590页。

[2] 蒲文成译.布顿佛教史[M].兰州：甘肃民族出版社，2007：100.

《風峪華嚴石經》流散拓片録文校註

賀銘　王宇

實叉難陀譯本《大方廣佛華嚴經》石刻經柱1941年移入晉祠保存前，藏於晉祠北偏東約五公里的風峪溝風洞内。自清初朱彝尊等人發現洞内經柱之後的近三百年間，洞藏石經被拓詳細情況鮮有記載。其現存拓片除晉祠博物館所存最多外，目前發現收藏在我國台灣地區和日本相關文化機構的流散拓片共有4種。本文簡單梳理了現存或可見的流散拓片情況，並對不見於晉祠博物館和可補晉博拓片成片殘損的流散拓片做了録文校註。相比晉祠博物館所藏拓片，局部文字更完整清晰可補殘損的流散拓片，僅載圖片以備對勘。

一、《風峪華嚴石經》現存、可見的幾種拓片

1. 晉博華嚴石經拓片

晉祠博物館現藏基本完整的經柱93條、殘石64塊（含太原市博物館借展經柱2條、殘石3塊），太原市文物考古研究所收藏殘石3塊。1995年，晉祠博物館成立華嚴石經整理組，拓印了一套拓片，2016年又製作了一套拓片，均拍照建檔。之後，爲保護經石不受損毁不再允許拓印。上述三家單位所存經石的拓片，學界統稱"晉博拓片"，晉祠博物館、房山石經與雲居寺文化研究中心合作完成了全部録文，並以大正藏本爲校本做了校註，編爲《石經研究（第四至五輯·〈晉祠華嚴石經録文校註〉）》一書，被列入国家古籍整理出版专项经费资助项目於2022年4月正式出版。

2. 台圖《風峪石柱華嚴經》拓片

台北"國家圖書館"（以下簡稱"台圖"）所藏，現網上可見69幅題名《風峪石柱華嚴經》的清孟繼壎[①]舊藏墨拓本[②]。其中，台圖069[③]鈐"志青私印"、"壎印"、"天津孟氏"，台圖032、台圖033、台圖035、台圖052、台圖057、台圖065鈐"志青所藏金石"、"壎印"，台圖027單獨鈐"志青所藏金石"，台圖049單獨鈐"志青"，剩下的60幅單獨鈐"壎印"。

3. 傅圖風峪華嚴石經拓片

台北傅斯年圖書館（以下簡稱"傅圖"）所藏，現網上可見3種題名的拓片：

題名《風峪華嚴經石刻》的拓片按編號有63幅，依次爲：傅圖23030[④]、傅圖23031-1、傅圖23031-2、傅圖23032、傅圖23035-1、傅圖23035-2[⑤]、傅圖23036、傅圖23037、傅圖23038、傅圖23039-1、傅圖23039-2、傅圖23040、傅圖23041、傅圖23042-1、傅圖23042-2、

---

① 孟繼壎，字治卿，一字志青，1831—1899。詳情參見《先秦部分布幣泉文淺釋——"憶看老城天津與金融文化"系列講座之三》（https://mp.weixin.qq.com/s/nrX9iO55IZIXO6IA-vUPig）。
② 原著録爲"北齊天保二年（551）刻"，誤。
③ 台圖網站編號較長，本文取後三位數，下同。
④ 編號爲傅圖網站原登録號，下同。
⑤ 傅圖著録多"石刻"二字。

傅圖 23042－3、傅圖 23043－1、傅圖 23043－2、傅圖 23043－3、傅圖 23043－4、傅圖 23043－5、傅圖 23044－1、傅圖 23044－2、傅圖 23045－1、傅圖 23045－2、傅圖 23046－1、傅圖 23046－2、傅圖 23046－3、傅圖 23046－4、傅圖 23047－1、傅圖 23047－2、傅圖 23048、傅圖 23049－1、傅圖 23049－2、傅圖 23049－3、傅圖 23049－4、傅圖 23050、傅圖 23051－1、傅圖 23051－2、傅圖 23052－1、傅圖 23052－2、傅圖 23053－1、傅圖 23053－3、傅圖 23053－4、傅圖 23053－5、傅圖 23053－6、傅圖 23054－1、傅圖 23054－2、傅圖 23054－3、傅圖 23054－4、傅圖 23055－1、傅圖 23055－2、傅圖 23056、傅圖 23057、傅圖 23058、傅圖 23059－1、傅圖 23059－2、傅圖 23059－3、傅圖 23059－4、傅圖 23060、傅圖 23061－1、傅圖 23061－2、傅圖 23061－3。其中，傅圖 23038 實爲兩幅左右拼在一張紙上而成，中有隔離空白；傅圖 23059－4 實爲兩幅上下黏連而成，所以，此種拓片實有 65 幅。

題名《唐風峪殘佛經》的拓片有 2 幅：傅圖 23053－2、傅圖 23109。

題名《唐佛經殘石》的 61 幅拓片中，傅圖 07654、傅圖 07655 爲《風峪石經》拓片。其中，傅圖 07654 與傅圖 23054－3 基本相同，前者僅上端比後者更完整；傅圖 07655 與傅圖 23056 基本相同，前者僅下端比後者更完整。

4. 日本常盤大定自拓石刻華嚴經拓片

日本常盤大定在他與關野貞合著的《中國文化史蹟·解説》（第八卷，1940 年印刷）中説，他曾於日本大正九年（1920 年）在山西太原風峪"自拓"了《石刻華嚴經》兩幅拓片①。二人合著的《中國文化史蹟·圖版》（第八輯，1940 年印刷）載録了兩幅拓片的圖版（見圖 1），分別是"十地品第廿六之五"和"普賢三昧品第三"各一部分②，對照表里簡稱前者爲"常盤 01"、後者爲"常盤 02"。這兩幅拓片是否尚存於世、藏於何處，均不得而知。

5. 日本《唐大方廣佛花嚴經》石幢拓片

日本京都大學人文科學研究所所藏石刻拓本資料③中有一張著録爲"唐大方廣佛花嚴經石幢"的拓片④（見圖 2），它和晉博 002－4 拓片⑤明顯是拓自同一經柱的同一面。

二、台圖、傅圖、晉博拓片対照表

提示：處於同一行内的拓片来自同一經石的同一面。

台　圖	傅　　圖	晉　博
台圖 001	傅圖 23059－4⑥	晉博 043①－1
台圖 002	傅圖缺	晉博 115－1
台圖 003	傅圖 23036	晉博缺（常盤 01）
台圖 004	傅圖缺	晉博 094－3
台圖 005	傅圖缺	晉博 094－5
台圖 006	傅圖 23061－2	晉博 033－1
台圖 007	傅圖缺	晉博缺
台圖 008	傅圖 23037	晉博 157－4
台圖 009	傅圖 23052－1	晉博缺
台圖 010	傅圖 23055－2	晉博 002－3
台圖 011	傅圖 23055－1	晉博缺
台圖 012	傅圖 23061－1	晉博 035－1
台圖 013	傅圖缺	晉博 117－1

---

① 見該書第三十四頁：著者常盤大定が大正九年に自拓して來たものは、十地品第廿六之五及び普賢三昧品第三の一部分である。
② 見該書"Ⅷ－47"，《石經研究（第四至五輯·〈晉祠華嚴石經録文校註〉）》收録了其中的"十地品第廿六之五"圖版。
③ http：//kanji. zinbun. kyoto－u. ac. jp/db－machine/imgsrv/takuhon/index. html.
④ http：//kanji. zinbun. kyoto－u. ac. jp/db－machine/imgsrv/takuhon/type_ a/html/tou0855x. html.
⑤ 編號沿用《石經研究（第四至五輯·〈晉祠華嚴石經録文校註〉）》中的拓片編號。
⑥ 傅圖 23059－4 為兩幅拓片黏連在一張紙上，上幅與台圖 001（晉博 043①－1）基本相同，下幅與晉博 074 上－4（台圖缺）基本相同。

續表1

台　圖	傅　圖	晉　博
台圖014	傅圖23040	晉博099-1
台圖015	傅圖23053-4	晉博073-2
台圖016	傅圖23059-3	晉博095-7
台圖017	傅圖23054-1	晉博076①-1（約為台圖、傅圖的1/7）
台圖018	傅圖缺	晉博117-2
台圖019	傅圖23045-2	晉博031-2
台圖020	傅圖23049-3	晉博094-1
台圖021	傅圖23039-1	晉博061-3
台圖022	傅圖23046-1	晉博019-1
台圖023	傅圖23043-2	晉博090-1
台圖024	傅圖23109	晉博004-3
台圖025	傅圖23059-1	晉博095-1
台圖026	傅圖23049-1	晉博055-1
台圖027	傅圖23038①	晉博039①-4
台圖028	傅圖23047-1	晉博089-1
台圖029	傅圖缺	晉博117-4
台圖030	傅圖23048	晉博155-1
台圖031	傅圖23044-1	晉博121-1
台圖032	傅圖07655 傅圖23056	晉博028-1
台圖033	傅圖23044-2	晉博160-2
台圖034	傅圖23049-2	晉博060-1
台圖035	傅圖缺	晉博050復-3
台圖036	傅圖23043-5	晉博024-4
台圖037	傅圖23054-2	晉博007-2
台圖038	傅圖23039-2	晉博040-1
台圖039	傅圖缺	晉博084-1
台圖040	傅圖缺	晉博074下-1
台圖041	傅圖23060	晉博037-1
台圖042	傅圖缺	晉博093-2
台圖043	傅圖23061-3	晉博090-2
台圖044	傅圖23031-2	晉博138-1
台圖045	傅圖缺	晉博037-4
台圖046	傅圖23053-5	晉博116-1
台圖047	傅圖23051-2	晉博034-1
台圖048	傅圖23046-2	晉博077-3
台圖049	傅圖23042-3	晉博缺
台圖050	傅圖缺	晉博129-1

續表2

台　圖	傅　圖	晉　博
台圖051	傅圖23030	晉博067-1
台圖052	傅圖23035-1	晉博079-1
台圖053	傅圖23042-2	晉博081-1
台圖054	傅圖23051-1	晉博085-1
台圖055	傅圖23045-1	晉博031-1
台圖056	傅圖23043-1	晉博缺
台圖057	傅圖23046-3	晉博缺
台圖058	傅圖23052-2	晉博069-1
台圖059	傅圖23050	晉博缺
台圖060	傅圖23046-4	晉博036①-3
台圖061	傅圖23053-2	晉博缺
台圖062	傅圖23059-2	晉博140-3
台圖063	傅圖23035-2	晉博063-2
台圖064	傅圖缺	晉博014-4
台圖065	傅圖缺	晉博014-1
台圖066	傅圖23042-1	晉博104-1
台圖067	傅圖23053-6	晉博122-3
台圖068	傅圖23054-4	晉博缺
台圖069	傅圖23049-4	晉博094-7
台圖缺	傅圖07654 傅圖23054-3	晉博135①-3
台圖缺	傅圖23031-1	晉博013①-1（常盤02）
台圖缺	傅圖23032	晉博103-1
台圖缺	傅圖23041	晉博158-4
台圖缺	傅圖23043-3	晉博109-1
台圖缺	傅圖23043-4	晉博154-1
台圖缺	傅圖23047-2	晉博093-3
台圖缺	傅圖23053-1	晉博097-1
台圖缺	傅圖23053-3	晉博016①-1
台圖缺	傅圖23057	晉博008-2
台圖缺	傅圖23058	晉博077-4

---

① 傅圖23038為兩幅拓片黏連在一張紙上，左幅與晉博005-4（台圖缺）上幅基本相同（晉博005-4似為兩塊殘石上下黏接而成），右幅和台圖027（晉博039①-4）基本相同。

《風峪華嚴石經》流散拓片錄文校註

(1)(2) 風峪 華嚴經石 拓本

(1)　　　　　(2)

圖1 日本常盤大定"自拓《石刻華嚴經》"的兩幅拓片（收載時有所調整拼接）

山西 太原

三、錄文校註體例

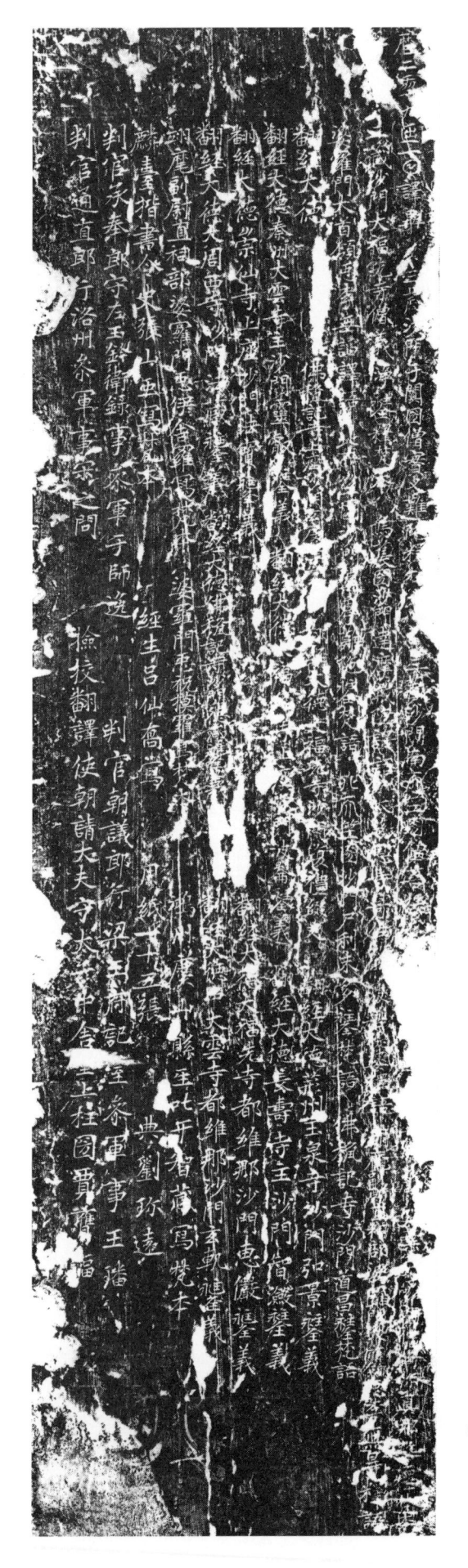

1. 晉博所缺的台圖和傅圖拓片，以及尚存大段可與晉博拓片互相補充者，均予錄校。台圖和傅圖拓片來自同一經石同一面者，則選取相對完整清晰者進行錄文，必要時互相參照；二者有個別字句可補晉博拓片者，僅截圖備參。日本所藏三幅拓片或有更清晰的台圖拓片，或與晉博拓片重複，無可錄校者。

2. 錄文順序依照經文順序，所據拓片從之。

3. 錄文所標註的拓片編號，台圖拓片取其網站編號後三位，傅圖拓片沿用傅圖原登錄號，晉博拓片沿用《石經研究（第四至五輯·〈晉祠華嚴石經錄文校註〉）》。

4. 錄文的標題及所據拓片編號位置：經文所屬卷次作爲標題，其後是拓片編號、圖序及兩種拓片的比較說明。拓片錄文結束處再次標註所據拓片編號，兩種拓片錄文交錯而行者，於錄文結束處各標所據拓片編號。

5. 因字跡損毀等導致經文殘損，均以《大正新修大藏經·大方廣佛華嚴經》（實叉難陀譯本，簡稱"大正藏本"）經文連綴（即連綴文字，簡稱"綴文"），起止處用【、】標識，跨段綴文於各段內起止處標識。綴文從中華電子佛典協會（Chinese Buddhist Electronic Text Association）校訂本（簡稱CBETA版，Version 2023. Q1）中截取，部分舊字形予以保留。

6. 拓片首尾字跡殘損不能辨認的，補等數綴文。首尾未損而經句不完整的，保留原貌，結尾不加標點符號。

7. 拓片經文的首尾題，其錄文不用標題形式，自成段落，且不與大正藏本對校。

8. 錄文的段落劃分和標點符號，依據大正藏本和CBETA版，並做規範性調整。

9. 錄文用宋體字，綴文用楷體字。傅圖23046－3與晉博036①－1上下相接，晉博經文標識下劃直線。台圖017包含晉博076①－1，兩者均存的經文標識下劃曲線。

圖2　日本京都大學人文科學研究所
　　　所藏"唐大方廣佛花嚴經石幢"拓片

10. 録文字形盡量反映石經用字原貌，基本原則及"新增異形字對照表"均基於《石經研究（第四至五輯·〈晉祠華嚴石經録文校註〉）》附録二《録文字形處理原則與〈晉祠華嚴石經異體字對照表〉》。

11. 録文以大正藏本爲校本，對文字的不同之處隨文校勘，格式如下：

（1）風峪石經比大正藏本多出來的文字，用（……）標識，如：菩薩天眼皆如（是）實知。

（2）大正藏本比風峪石經多出來的文字，用〔……〕標識，如：三毒等者，爲説成就勝〔智〕法門……

（3）大正藏本的等數異文，用〈……〉標識，如：衆會歡喜默然住，一心瞻仰欲聽法〈説〉。

12. 脚註的版別及校註符號

（1）隨文校勘異文時迻録大正藏本相關脚註。

（2）録文中的"*"是迻録大正藏本經文中的下同略符，表示參見前文相同文字的已有脚註。

（3）用㊛表示大正藏本，並沿用大正藏本版別符號：宋元本分別爲㊝、㊡，宋元明三本一致時爲㊂，正倉院聖語藏本、宮内省圖書寮本、西福寺本等分別爲㊟、㊁、㊎。

（4）保留大正藏本脚註的異文、衍文符號"＝、－"。

四、録文校註

1. 卷十八下（傅圖23046-3，圖3，與晉博036①-1上下相連）

【何等爲】十，所謂普見諸佛无盡藏、抱持不【忘】无盡藏、决了【諸法】无盡藏、大悲救護无盡藏、種種三昧无盡藏、滿衆生心廣大福德无盡藏、演一切【法甚深】智慧无盡藏、報得神通无盡藏、住无量劫无盡藏、入无邊世界无盡藏、佛子，是爲菩薩十无盡藏。

菩薩得是十種藏已，福德具足，智慧清净；於諸衆生，【隨】其所應而爲説法。佛子，〔菩薩〕云何於諸衆生，随其所應而爲【説】法。所謂知其所作，知其因緣，知其心行，知其欲樂。貪樂〈欲〉多者，爲説不净；瞋恚多者，爲説大慈；愚癡多者，教勤觀察；三毒等者，爲説成就勝〔智〕法門；【樂】生死者，爲説三苦；若著處所，説〔處〕空穿；心懈怠者，説大精進；懷我慢者，説法平等；多諂誑者，爲説菩薩，其心質直；樂穿静者，廣爲説法，令其成就。菩薩【如是】随其所應而爲説法。爲説法時，文相連属，義无舛謬；觀法先後，以智分别；是非審定，不違法印；次弟建立无邊行門，令諸衆生斷一切疑；善知諸根，入如【來】教；證真實際，知法平等；斷諸法愛，除一切執；常念諸佛，心无暫捨；了知音聲，體性平等；於諸言説，心无所著；巧説譬喻〈諭〉①，无相違反，悉令得悟一切諸佛隨【應普現】平等智身。

菩薩如是爲諸衆生而宣〈演〉説法，則自修習，增長義利，不捨諸度，具足莊嚴波羅蜜道。是時，菩薩爲令衆生心滿足故，内外悉捨而【无所著，是】則能净檀波羅蜜。具持衆戒而无所著，永離我慢，是則能净尸波羅蜜。悉能忍受一切諸惡，於諸衆生，其心平等，无有動揺，譬如大地能持一切，是則【能净忍波】羅蜜。普發衆業，常修摩〈磨〉懈，諸有所作恒不退轉，勇猛勢力无能制伏，於諸功德不取不捨，而能滿足一切智門，是則能净精進波羅蜜。於五欲境【无所貪著，諸】次弟定悉能成就，常正思惟不住不出，而能消〈銷〉滅一切煩惱，出生无量諸三昧門，成就无邊大神通力。逆順次弟，入諸三昧，於一三昧門入无邊【三昧門，悉知】一切三昧境界，與一切三昧三摩鉢底智印不相違背，能速入於一切智地，是則能净

---

① 諭，㊛九七頁註①：諭＝喻㊂。

禪波羅蜜。於諸佛所聞法受持，近善知識承事不【倦；常樂聞法】，心无猒足；随所聽受，如理思惟；入真三昧，離諸僻【見；善觀諸法】，得實相印，了知如来无功用道；乘普門慧，入扵一切智〔之〕門，永得休息，是則〔傳圖23046-3〕【能淨般若波】羅蜜。示現一切世閒作業，教化衆生而不猒倦，随其心樂〔晋博036①-1〕

圖3　傳圖23046-3

2. 卷三十一下（台圖049，圖4）

【示】普賢【行】，令諸衆生皆悉滿足；不捨於義，不著於法，出生平等無礙之智；知無礙本，【不住一切】法，不壞諸法性，如實无染，猶若【虛空，隨順】世閒起於言說；開真實義，示窮滅性，於一切境無依、无住、無有分別；明見法界，廣大安立，了諸世【閒及一切】法平等無二，離一切著。以無著【無縛解脫心】，修普賢行，生諸刼甚微細〔智〕，所謂以不可說刼為一念甚微細智、以一念為不可說刼甚微細智、以阿僧【祇】刼入一切甚微細智、以一切入阿僧祇【刼甚微】細智、以長刼入短刼甚微細智、以短刼入長刼甚微細智、入有佛刼無佛刼甚微細智、知一切刼數甚微【細智、知】一切刼非刼甚微細智、一念中見三世【一切刼甚】微細智，如是等一切諸刼甚微細，以如來智，於一念中皆如實知；得諸菩薩圓滿行王心、入普賢行心、【離一切分別】異道戲論心、發大願无懈息【心、普見】無量世界網無量諸佛充滿心、於諸佛善根諸菩薩行能聞持心、於安慰一切衆生廣大行門〈聞〉【已】不忘心、能於一切刼現佛出世心、於一一【世界】盡未來際行不動行無休息心、於一切世界中以如來身業充滿菩薩身心。以无著無縛解脫心，修普賢行，成不退轉，得一切法甚微細智，所【謂甚】深法甚微細智、廣大法甚微細智、種種法甚微細智、莊嚴法甚微細智、一切法無有量甚微細智、一切法入一【法甚】微細智、一法入一切法甚微細智、一切法入【非法】甚微細智、無法中安立一切法而不相違甚微細智、入一切佛法方便無有餘甚微細智，如是等一切世界一切言說所安立法諸微細智，與彼同等，其智【無礙】，皆如實知；得入無邊法界心，於一一法界深心堅住，成無礙行；以一切智充滿諸根，入諸佛智，正念方便，成就諸佛廣大功德；遍滿法界，普入一切諸如來【身，現諸】菩薩所有身業，隨順一切世界言辭，演說於法；得一切佛神力所加智慧意業，出生无量善巧方便分別諸法薩婆若智。以

无著無縛解脫心，修普賢【行，出】生一切甚微細智，所謂知一切刹【甚微】細智、知一切衆生甚微細智、知一切法果報【甚】微細智、知一切衆生心甚微細智、知一切說法時甚微細智、知一切法界甚【微細】智、知一切盡虛空界三世甚微細智、知一切語言道甚微細智、知一切世閒行甚微細智、知一切出世行甚微細智，乃至知一切如來道、一切菩薩道、一切衆生道【甚微】細智；修菩薩行，住普賢道，若文若義皆如實知；生如影智，生如夢智，生如幻智，生如響智，生如化智，生如空智，生穿滅智，生一切法界智，生無所依智，【生一切】佛法智。

佛子，菩薩摩訶薩以无著無縛解脫心迴向，不分別若世閒、若世閒法，不分別若菩提、若菩提薩埵，不分別若菩薩行、若出離道，不分別若【佛、若】一切佛法，不分別若調伏衆生、若不調伏衆生，不分別若【善根】、若迴向，不分別若自、若他，不分別若施物、若受施者，不分別若菩薩行、若等正覺，不【分別若】法、若智。

佛子，菩薩摩訶薩以彼善根如是迴向，所謂：心无著無縛解脫，身无著无縛解脫，口無著無縛解脫，業無著無縛解脫，報无著無縛【解脫，世】閒无著無縛解脫，佛刹無著無縛解脫，衆生無著無縛解脫，法無著無縛解脫，智無著無縛解脫。菩薩摩訶薩如是迴向時，如三〔台圖049〕【世諸佛爲菩薩】

3. 卷三十五下（台圖061，圖5）

【乃至蚊蚋、蛇蠅】等聲亦悉能聞。此菩薩以他心智，如實而知他衆生心。所謂：有貪心，如實知有貪心；離貪心，如實知離貪心；有瞋心、離瞋心、有癡心、離癡心、有煩惱心、無煩惱心、小心、廣心、大心、無量心、略心、非略心、散心、非散心、定心、非定心、解脫心、非解脫心、有上心、無上心、雜染心、非雜染心、廣心、非廣心，皆如實知。菩薩如是以他心智知衆生心。此菩薩念知無量宿命差別，所謂：念知一生，念知二生、三

111

圖 4-1　台圖 049 上

此處，如是形狀，如是相貌，如是言音。如是過去無量差別，皆能憶念。此菩薩天眼清浄過於人眼，見諸衆生生時死時、好色惡色、善趣惡趣，隨業而去。若彼衆生成就身惡行，成就語惡行，成就意惡行，誹謗賢聖；具足邪見及邪見業因緣，身壞命

生、四生，乃至十生、二十、三十，乃至百生、無量百生、無量千生、無量百千生，成劫、壞劫、成壞劫、無量成壞劫，我曾在某處，如是名，如是姓，如是種族，如是飲食，如是壽命，如是久住，如是苦樂。我於彼死，生於某處，從某處死，生於

圖 4－2　台圖 049 下

終，必墮惡趣，生地獄中。若彼衆生成就身善行，成就語善行，成就意善行，不謗賢聖，具足正見；正見業囙緣，身壊命終，必生善趣諸天之中。菩薩天眼皆如（是）實知。此菩薩於諸禪三昧、三摩鉢底能入能出，然不随其力受生，但随能滿菩提分處，以意願力而生其中。

佛子，是菩薩住此發光地，以願力故，得見多佛，所謂：見多百佛，見多千佛，見多百千佛，乃至見多百千億那由他佛。悉以廣大心、深心，恭敬尊重，承事供養，衣服、飲食、卧具、湯藥，一切資生悉以奉施,亦以供養一切衆僧,以此善根迴向阿褥多羅三猿三菩提。於其佛所,恭敬聽法,聞已受持,随力修行。此菩薩觀一切法,不生不滅,因緣而有;見縛先滅,一切欲縛、色縛、有縛、無明縛皆轉微薄;〔於〕无量百千億那由他劫不積集故,邪貪、邪瞋及以邪癡,悉得除斷,所有善根轉更明淨。佛子,譬如真金善巧練〈鍊〉治,稱兩不減,轉更明净。菩薩亦復如是,住此發光地,不積集故,邪貪、邪瞋及以邪癡,皆得除斷,所有善根轉〔更〕明净。此菩薩忍辱心、柔和心、諧順心、悅美心、不瞋心、不動心、不濁心、無高下心、不望報心、報恩心、不諂〈諂〉心、不誑心、無險〈諂〉①誠心皆轉清净。此菩薩於四攝中,利行偏多;十波羅蜜中,忍波羅蜜偏多;餘非不修,但随力随分。

佛子,是名菩薩第三發光地。菩薩住此地,多作三十三天王,能以方便,令諸衆生捨離貪欲。布施、愛語、利行、同事,如是一切諸所作業,皆不離念佛,不離念法,不離念僧,乃至不【離】念具【足】一切種、一切智智。復作是念:我當於一切衆生中為首、為勝、為殊勝、為妙、為微妙、【為上】、為無上,乃至為一切【智智】依止【者】。若勤【行】精進,於一念頃,得百千三昧,得見百千佛,知百千佛神力,能〔台圖061〕

4. 卷三十八上（台圖003,圖6）

大方廣佛花嚴經十地品弟廿六之五　卷卅八　卅八之上

　　是時天王及天衆,聞此勝行皆歡喜,
　　為欲供養於如來,及以无央大菩薩,
　　雨妙花幡及幢蓋,香鬘瓔〈瓔〉珞②与寶衣,
　　无量無邊千萬種,悉以摩尼作嚴飾。
　　天女同時奏天樂,普發種種妙音聲,
　　供養於佛并佛子,共作是言而讚歎:
　　一切見者兩足尊,哀愍衆生現神力,
　　令此種種諸天樂,普發妙音咸得聞。
　　於一毛端百千億,那由他國微塵數,

　　如是无量諸如來,於中安住說妙法。
　　一毛孔內无量剎,各有四洲及大海,
　　須彌鐵圍亦復然,悉見在中無迫隘。
　　一③毛端處有六趣,三種惡道及人天,
　　諸龍神衆阿修羅,各随自業受果報。
　　於彼一切刹土中,悉有如來演妙音,
　　随順一切衆生心,為轉冣上淨法輪。
　　剎中種種衆生身,身中復有種種刹,
　　人天諸趣各各異,佛悉知已為說法。
　　大剎随念變為小,小剎随念亦變大,
　　如是神通無有量,世間共說不能盡。
　　普發此等妙音聲,稱讚如來功德已,
　　衆會歡喜默然住,一心瞻仰欲聽法〈說〉④。
　　時解脫月復請【言】:今此衆會【皆】穿静,
　　願說随次之所入,弟八地中諸行相。

尒時,金剛藏菩薩告解脫月菩薩言:

佛子,菩薩摩訶⑤薩於七地中,善修習方便慧,善清淨諸道,善集助道法。大願力所攝,如來力所加,自善力所持,常念如來力、無所畏、不共佛法,善清淨深心思覺,能成就福德智慧,大慈大悲不捨衆生,入无量智道,入一切法,本来無生、無起、無相、無成、无壞、无盡、無轉、無性為性,初、中、後際皆悉平等,無分別如如智之所入處,離一切心、意、識分別想,無所取著猶如虚空,入一切法如虚空性,是名得无生法忍。

佛子,菩薩成就此忍,即時得入第八不動地,為深行菩薩難可知無差別,離一切相、一切想、一切執者,无量無邊,一切聲聞、辟支佛所不能及,離諸諠諍,穿滅現前。譬如比丘,具足神通,得心自在,次弟乃至入滅盡定,一切動心、憶想分別悉皆止息。此菩薩摩訶薩亦復如是,住不動地,即捨

---

① 諂,㈠一八八頁註④:諂＝險㈡。
② 瓔珞,㈠一九八頁註⑧:瓔珞＝纓絡㈡㈢㈣。
③ 一,台圖拓片此字殘損,傅圖清晰可見。
④ 說,㈠一九八頁註⑨:說＝法㈡㈢。
⑤ 訶,台圖拓片此字殘損,傅圖清晰可見。

一切功用行，得无功用法，身口意業念務皆息，住於報行。譬如有人，夢中見身【墮】在大河，為欲度〈渡〉①故，發大勇猛，施大方便；以大勇猛、施方便故，即便寤〈覺〉②寤，既寤〈覺〉＊寤已，所作皆息。菩薩亦尒，見衆生身在四流中，為救護〈度〉故，發大勇猛，起大精進；以勇猛、精進故，至不動地；既至此已，一切功用靡不皆息，二行、相行悉不現前。佛子，如生梵世，欲③界煩惱皆④不現前；住不動地亦復如是，一切心、意、識行皆不現前。此菩薩摩訶薩，菩薩心、佛心、菩提心、涅槃心尚不現起，況復起於世間之心。

佛子，此地菩薩夲願力故，諸佛世尊親現其前與如來智，令其得入法流門中，作如是言：善哉善哉，善男子，此忍弟一，順諸佛法。然善男子，我等所有十力、无畏、十八不共諸佛之法，汝今未得，汝應為欲成就此法勤加精進，勿復放捨於此忍門。又善男子，汝雖得是寂滅解脫，然諸凡夫未能證得，種種煩惱皆悉現前，種種覺觀常相侵害，汝當愍念如是衆生。又善男子，汝當憶念夲所誓願，普大饒益一切衆生，皆令得入不可思議智慧之門。又善男子，此諸法法性，若佛出【世】，若不出世，常住不異，諸佛不以得此法故名為如來，一切二乘亦能得此無分別法。又善男子，汝觀我等身相，无量智慧，無量國土，無量方便，無量光明，無量清淨，音聲亦無有量；汝今宜應成就此事。又善男子，汝今適得此一法明，所謂一切法無生、无分別。善男子，如來法明，無量入，無量作，无量轉，乃至百千億那由他刼不可得知；汝應〔台圖003〕

5. 卷三十八下（台圖017，圖7，包含晉博076①-1）

及以佛身靡不現。
衆生國土業報身，種種聖人智法身，
虛空身相皆平等，普【為衆生而示作。
十】種聖智普觀察，復順慈悲作衆【業】，

所有佛【法皆成就，持戒不動如須彌】。
十力成就不動搖，一切魔衆無能轉，
諸佛護念天王礼，密跡金剛恒侍衛。
此地功德【無邊際】，十〈千〉萬億刼說不盡，
復以供佛善益明，如王頂上荘嚴【具。
菩薩住此第八地】，多作梵王千界主，
演說三乘無有窮，慈光普照除衆惑。
一念所獲諸三昧，百萬世界微塵等，
諸所作事悉亦然，願力示現復過是。
菩薩第八不【動地，我為汝等已略說】，
若欲次弟廣分別，經於億刼不能盡。

〔第九地〕⑤

說此菩薩八地時，如來現大神通力，
振〈震〉⑥動十方諸國土，無量億數難思議。
一切知見無上尊，其身普放大【光明，
照耀彼諸無量土】，悉使衆生獲安樂。
菩薩無量百千億，俱時踊在虛空住，
以過諸天上妙供，供養說中寂勝者。
大自在王自在天，悉共同心喜無量，
各以種種衆供【具，供養甚深功德海】。
復有天女千萬億，身心歡喜悉充遍，
各奏樂音无量種，供養人中大導師。
是時衆樂同時奏，百千万億無量別，
悉以善逝威神力，演出妙音【而讚歎：
寂靜調柔無垢害】，随所入地善修習，
心如虛空詣十方，廣說佛道悟羣生。
天上人間一切處，悉現無等妙荘嚴，
以從如來功德生，令其見者樂佛智。

---

① 渡，㊟一九九頁註②：渡＝度⊜宮⊜福，下同。
② 覺，㊟一九九頁註③：覺＝寤宮⊜福，下同。
③ 欲，台圖拓片此字殘損，傅圖清晰可見。
④ 皆，台圖拓片此字殘損，傅圖清晰可見。
⑤ 第九地，㊟二〇一頁註⑥：〔第九地〕－三宮⊜福。
⑥ 震，㊟二〇一頁註⑦：震＝振⊜福。

图 5-1　台图 061 上

圖 5-2 台圖 061 下

圖 6-1　台圖 003 上

圖6-2 台圖003下

不離一剎詣【衆土，如月普現照世間】，
音聲心念悉皆滅，譬猶谷響無不應。
若有衆生心下劣，為彼演說聲聞行；
若心明利樂辟支，則為彼說中乘道。
若有慈悲樂饒益，為說菩薩所【行事；
若有最勝智慧心】，則【示】如來无上法。
譬如幻師作衆事，種種形相皆非實，
菩薩智幻亦如是，雖現一切離有无。
如是美音千萬種，歌讚佛已默然住。
解脫月言令〈今〉衆【淨，願說九地所行道】。
尒時，金剛藏菩薩告解脫月菩薩言：
佛子，菩薩摩訶薩以如是无量智思量觀察，欲更求轉勝宍滅解脫，復修習如來智慧，入如來【秘密法，觀察不思議大】智性，淨諸陁羅尼三昧門，具廣大神通，入差別世界，修力、无畏、不共法，随諸佛轉法輪，不捨大悲夲顋力，得入菩薩弟九善惠〈慧〉地。

佛子，菩【薩摩訶薩住此善慧地】，如實知善不善無記法行、有漏無漏法行、世間出世間法行、思議不思議法行、定不定法行、聲聞獨覺法行、菩薩〔行〕法行、如來【地法】行、【有爲法行、無爲法行。此】菩薩以如是智惠〈慧〉，如實知衆生心稠林、煩惚①稠林、業稠林、根稠林、解稠林、性稠林、樂欲稠林、随眠稠林、受生稠林、習氣相續【稠林、三】聚差【別稠林。此菩薩如實】知衆生心種種相，所謂雜起相、速轉相、壞不壞相、無形質相、無邊際相、清【淨】相、垢無垢相、縛不縛相、幻所作相、随諸趣生【相；如是百千萬】億乃至无量，皆如實知。又知諸煩惚種種相，所謂久遠随行相、無邊引起相、俱生不捨相、眠起一義相、【與】心【相應】不相應相、【隨趣受生而住相】、三界差別相、愛見癡慢如箭深入過患相、三業因緣不絕相；略說乃至八萬四千，皆如實知。又知諸業種【種】相，所謂善不善【無記相、有表示無表】示相、與心同生不離相、因自性剎那壞而次弟集果不失相、有報无報相、受黑黑寺衆報相、如由〈田〉無量相、凡聖差別【相、

現受生受後受相、乘非乘定不】定相；略說乃至八萬四千，皆如實知〔晉博076①-1〕。又知諸根㒵中勝相、先際後際差別无差〔別〕相、上中下相、煩【惱俱生不】相離相、乘非【乘】定不〔台圖017〕【定相、淳熟調柔相、隨】

6. 卷三十八下（台圖009，圖8）

【轉更】明淨。譬如真金，善巧金師用作寶冠，轉輪聖王以嚴其首，四天下内一切小王及諸臣民諸壮嚴具无苄與〈與等〉【者】；此弟〈第〉九地菩薩善根【亦復如是，一切聲聞、辟支佛及下地菩薩所有善】根無㒵與苄。佛子，【譬如二千】世界主大梵天王，身出【光明，二千】界中幽遠之處悉㒵照耀，除其黑闇；此地【菩薩】所有善根亦復如是，㒵出光明【照衆】生心，【煩惱黑闇皆令息滅。此菩薩，十】波羅蜜中，力【波羅】蜜宜勝；餘波羅蜜非不修行，但随力随分。

佛子，是名略說菩薩摩訶薩弟【九】善惠〈慧〉地；若廣說者，於无量劫亦不【能】盡。佛【子，菩薩摩訶薩住此地，多】作二千世界主大梵天王，善㒵統理，自在饒益，㒵為一切【聲】聞、緣覺及諸菩薩分別演說波羅蜜行；随衆生心，所有問難無㒵屈者。布施、愛語、【利行、同事，如是一切諸所作】業，皆不離念佛，乃至不離念一切種、一切智智。復作是念：我當於一切衆生中為首、為勝，乃至為一切智智依止者。此菩薩若發勤【精進，於一念頃，得百萬阿】僧祇國土微塵數三昧，乃至示現百万阿僧祇國土微塵數菩薩以為眷属；若以菩薩殊勝顋力自在示現，過於此數，乃至百千億那由他劫不㒵數【知】。

【爾時，金剛藏菩薩欲重宣其義而】說頌曰：
無量智力善觀察，宜上微【妙世】難知，
普入如來秘〈祕〉宓處，利益衆生入九地。
惣持三昧皆自在，獲大神通入衆剎，
力智無畏不共法，顋【力】悲心入九【地。

---

① "惚"為"惱"之異體，㉞作"惱"，下同。

住於此地持法藏】，了善不善及無記，
有漏無漏世出世，思不思議悉善知。
若法決定不決定，三乘所作悉觀察，
有為無為行差別，如是而知【入】世間。
若欲知諸【衆生心，則能以智如實知】，
種種速轉壞非壞，無質無邊等衆相。
煩惚无邊恒共伴，眠起一義續諸趣，
業性種種各差別，因壞果集皆能了。
諸根種種下中上，先後際等无【量別，
解性樂欲亦復然】，八万四千靡不知。
衆生或〈惑〉見恒隨縛，无始稠林未除翦，
與志共俱心並生，常相羈繫不断絕。
但唯妄想非實物，不離於心无處所，
禪定境排仍【退轉，金剛道滅方畢竟】。
六趣受生各差別，業田愛潤无明霧，
識為種子名色牙〈芽〉①，三界无始恒相續。
或〈惑〉業心冒生諸趣，若離於此不復生；
諸〈衆〉生悉在三趣〈聚〉中，或溺於見或行道。
【住於此地善觀察】，隨其心樂及根解，
悉以【無礙】妙辨〈辯〉才，如其所應為別說。
處於法座如師子，亦如牛王寶山王，
又如龍王布密雲，霍甘露雨充大海。
善知法性及奧【義，隨順言辭能辯說】，
揔持百萬阿僧祇，譬如【大】海受衆雨。
揔持三昧皆清淨，能於一念見多佛，
一一佛所皆聞法，復以妙音而演暢。
若欲三千大千界，教化一切諸【群生，
如雲廣布無不及】，隨其根欲悉令喜。
毛端佛衆无有數，衆生心樂亦不〈無〉極，
悉應其心與法門，一切法界皆如是。
菩薩勤加精進力，復獲功德轉增勝，
聞持尒所【諸法門，如地能持一切種】。
十方无量諸衆生，咸来親近會中坐，
一【念】随心各問難，一音普對悉充足。
住於此地為法王，隨撲誨誘無猒倦，

日夜見佛未曾捨，入深寂滅智【解脫。
供養諸佛善益明】，如王頂上妙寶冠，
復使衆生煩惚滅，譬如梵王光普照。
住此多作大梵王，以三乘法化衆生，
所行善業普饒益，乃至當成一切智。
一念所入諸三【昧，阿僧祇剎微塵數】，
見佛說法亦復然，願力所作復過此。
此是弟九善恵〈慧〉地，大智菩薩所行處，
甚深微妙難可見，我為佛子【已宣說】。
大方廣佛華嚴経卷弟卅八　卷三十八之②

〔台圖009〕

7. 卷四十二上（台圖056，圖9）

大方廣佛花嚴経十定品弟廿七之三　卷卅二　卅二之上

佛子，云何為菩薩摩訶薩一切衆生差別身三昧。佛子，菩薩摩訶薩住此三昧，得十種無所着。何者為十，所謂於一切剎無所着，於一切方無所着，於一切刼無所着，於一切衆無所着，於一切法無所着，於一切菩薩無所着，於一切菩薩願無所着，於一切三昧無所着，於一切佛無所着，於一切地無所着。是為十。

佛子，菩薩摩訶薩於此三昧云何入，云何起。佛子，菩薩摩訶薩於此三昧，内身入，外身起；外身入，内身起；同身入，異身起；異身入，同身起；人身入，夜叉身起；夜叉身入，龍身起；龍身入，阿修羅身起；阿修羅身入，天身起；天身入，梵王身起；梵王身入，欲界身起；天中入，地獄起；地獄入，人間起；人間入，餘趣起；千身入，一身起；一身入，千身起；那由他身入，一身起；一身入，那由他身起；閻浮提衆生衆中入，西瞿陁尼衆生衆中起；西瞿陁尼衆生衆中入，北拘盧衆生衆中起；北拘盧衆生衆中入，東毗提訶衆生衆中起；東

---

① 芽，砼二○四頁註②：芽 = 牙圖。
② "之"後應殘"下"字。

圖 7-1　台圖 017 上

毗提訶衆生衆中入，三天下衆生衆中起；三天下衆生衆中入，四天下衆生衆中起；四天下衆生衆中入，一切海差別衆生衆中起；一切海差別衆生衆中入，一切海神衆中起；一切海神衆中入，一切海水大中起；一切海水大中入，一切海地大中起；一切海地大中入，一切海火大中起；一切海火大中入，一切海風大中起；一切海風大中入，一切四大種中起；一切四大種中入，無生法中起；

《風峪華嚴石經》流散拓片錄文校註

圖7-2 台圖017下

無生法中入，妙高山中起；妙高山中入，七寶山中起；七寶山中入，一切地種種稼穡樹林黑山中起；一切地種種稼穡樹林黑山中入，一切妙香花寶莊嚴中起；一切妙香花寶莊嚴中入，一切四天下下方、上方一切眾生受生中起；一切四天下下方、上方一切眾生受生中入，小千世界眾生眾中起；小千世界眾生眾中入，中千世界眾生眾中起；中千世界眾生眾中入，大千世界眾生眾中起；（大千世界眾生眾中入）大千世界眾生眾中入，百千億那由他三千大千世界眾生眾（生眾）中起；百千億那由他三千大

图 8-1　台图 009 上

图 8-2 台图 009 下

千世界衆生衆中入，無數世界衆生衆中起；無數世界衆生衆中入，無量世界衆生衆中起；無量世界衆生衆中入，無邊佛剎衆生衆中起；無邊佛剎衆生衆中入，〔無等佛剎衆生衆中起〕；無㝵佛剎衆生衆中入，不可數世界衆生衆中起；（不可數世界衆生衆中起）不可數世界衆生衆中入，不可稱世界

圖 9-1　台圖 056 上

衆生衆中起；不可稱世界衆生衆中入，不可思世界衆生衆中起；不可思世界衆生衆中入，不可量世界衆生衆中起；不可量世界衆生衆中入，不可說世界衆生衆中起；不可說世界衆生衆中入，不可說不可說世界衆生衆中起；不可說不可說世界衆生衆中入，雜染衆生衆中起；雜染衆生衆中入，清淨衆生衆中起；清淨衆生衆中入，雜染衆生衆中起；眼處入，耳處〔台圖 056〕

图 9-2　台图 056 下

8. 卷四十八下（台图 007，图 10）

彼天生已，此皷發音而告之言：諸天子，汝以心不放逸，於如來所種諸善根，往昔親近眾善知識。毗盧遮那大【威】神力，【於彼】命終來【生】此天。

【佛】子，菩薩【足下千】輻輪，名光明普照王。此有隨好，名圓滿王，常放四【十】種光明。中有一光，名清淨功德，能照億那由他佛刹微塵數世界，隨諸眾【生】種種業行、種種欲樂【皆令成】熟。阿鼻地獄熾然眾生，遇斯光者，皆悉命終【生兜率天。既生天已】，聞天皷音而告之言：善哉善哉，諸天子，毗盧遮那菩薩入離垢三昧，汝當敬【禮】。

【爾時，諸天子聞】天皷音如是勸誨，咸生是念：奇哉希有，何【因發此微】妙之音。【是時】，天皷告諸天子言：我所發聲，諸善根力之所成就。諸天子，如【我說我，而】不著我，不著我【所；一切諸】佛亦復如是，自說是佛，不著【於】我，不著我所。諸天【子，如我音】聲不從東方來，不從南西北方、四維上下來；業【報成佛】亦復如是，非十方來。【諸天子】，譬如汝等昔在地獄，【地獄】及身非十方來，但由於汝顛倒【惡業愚】癡纏縛，生地【獄】身，【此】無根【本、無有來】處。諸天子，毗盧遮那菩薩威德【力故】放大光明，而此光明非十方來。諸天子，我天皷音亦復【如是】，非十方來，但以三昧善根力故，般【若波羅】蜜威得〈德〉力【故，出】生【如】是【清淨音】聲，示現如是種種自在。諸天子，譬如【須彌山】王有三十三天上妙宮殿種種【樂】具，而此樂具非【十方】來；我天皷音亦復如是，非【十】方【來。諸】天子，譬如【億那】由【他佛剎微塵數】世界盡末為塵，我為如是塵【數眾生，隨其】所樂而演說法，令大歡【喜】，然我【於彼】不生疲猒、不生退怯、【不】生憍【慢、不生放逸】。諸天子，毗【盧遮那菩薩住離垢】三昧亦復如是，於右手掌一隨好中放【一光明】，出現無量自在【神力】，一切聲聞、辟支佛尚不能【知，況】諸眾生。諸天子，汝當往詣【彼菩薩所】親近供養，【勿復】貪著【五欲樂】具，著五欲樂等諸善根。諸天子，譬如劫火燒須彌山，【悉令除盡】，無餘可得；貪【欲纏】心亦復如是，終不能生念佛之【意】。諸【天子，汝】等應當【知恩報恩。諸】天子，其有眾生不知報恩，多遭橫死，生於地獄。諸天【子】，汝等【昔在地獄之中，蒙光照】身，【捨彼】生此；汝等今者宜疾迴向，增長【善】根。【諸天】子，如我【天皷，非男非女，而】能出生無量無邊不思議事；汝天子、天女亦復如是，非【男非女，而能受用種種上妙】宮殿園林。如我天皷不生不滅，色、【受、想、行、識亦復如是不生不滅。汝等】若能於此悟解，應知則入無依印三昧。

時，諸天子聞【是音已，得未曾有，即皆化】作一萬花雲、【一萬香】雲、一萬音樂雲、一萬幢雲、一萬【蓋雲、一】萬【歌讚雲；作是化已，即共往詣毗】盧遮那菩薩所住宮殿，合掌恭敬，於一面立，欲申瞻覲而不得見。時，有【天子作如】是言：毗盧【遮那菩】薩已從此殁〈沒〉，生於人閒淨飯王家，乘旃檀【樓閣，處摩耶夫人胎。時】，諸天子以天眼觀見菩薩身，處在人閒淨飯王家，梵天、【欲天】承事供養。【諸】天【子眾】減〈咸〉作【是念：我】等若不住〈往〉菩薩所問訊起居，乃至一念於此【天宮而生愛著，則為不可】。時，一一天子與十那由他眷屬欲下閻浮提。時，天皷中出聲告言：諸天子，【菩薩摩訶薩非此命】終而生彼聞〈間〉，但以神通，隨諸眾生心之所宜，令【其得見。諸天子，如我今者】，非眼所見，而能出聲；菩薩摩訶薩入離垢三昧亦復如是，非眼所見，而能處處示現受【生，離】分別，除憍憺，無染著。諸天子，汝【等應】發【阿耨多羅三藐三菩提心】，淨治其意，住善威儀，悔除一切業鄣、煩惱鄣、報鄣、見鄣；以盡法界眾生數【等】身，以盡【法界眾生】數等頭，以盡法界眾生【數等舌，以盡法界眾生數等善身業、善語】業、善意業，悔除所有諸鄣過惡。

時，諸天子聞是語已，得未曾有，【心】大歡喜而問之【言：菩薩摩訶】薩云何悔除一切過惡。尒時，天皷【以菩薩三昧善根力故，發聲告言】：諸天子，菩薩知諸業不從東方來，不從南西北方、四維上下來，而共【積集，止住於】心；但【從顛倒生，無有】住處。菩薩如是決定明見，無有【疑惑】。諸天子，如我天皷，說業、說報】、說行、說戒、說喜、說安、說諸三昧；諸佛菩薩亦復如是，說我、說我所、說【眾生】、說貪【恚癡種種諸業，而實】無我、無有我所。諸所作業、【六趣果報，十方推求悉不可得。諸】天子，譬如我聲，不生不滅，造惡諸天不聞餘【聲】，唯聞以地獄【覺】悟【之聲】；一切諸業〔台圖007〕【亦復】

9. 卷五十六上（台圖059，圖11）

大方廣佛花嚴經離世間品第卅【八之四】 卷五十六　五十六之上

佛子，菩薩摩訶薩有十種無礙【用。何等】為十，所謂眾生無礙用，國土無礙用，法無礙用，身無礙用，願無礙用，境界無礙用，智無礙用，神通無礙用，神力無礙用，力無礙用。

佛子，云何為菩薩摩訶薩眾生等無礙用。

佛子，菩薩摩訶薩有十種眾生無礙用。何者為十，所謂：知一切眾生無眾生無礙用；知一切眾生但想所持無礙用；為一切眾生說法未曾失時無礙用；普化現一切眾生界無礙用；置一切眾生於一毛孔中而不迫隘無礙用；為一切眾生示現他方一切世界令其悉見無礙用；為一切眾生示現釋、梵、護世諸天身無礙用；為一切眾生示現聲聞、辟支佛寂靜威儀無礙用；為一切眾生示現菩薩行無礙用；為一切眾生示現諸佛色身相好、一切智力、成等正覺無礙用。是為十。

佛子，菩薩摩訶薩有十種國土無礙用。何等為十，所謂：一切剎作一剎無礙用；一切剎入一毛孔無礙用；知一切剎無有盡無礙用；一身結加〈跏〉①坐充滿一切剎無礙用；一身中現一切剎無礙用；振〈震〉動一切剎不令眾生恐怖無礙用；以一切剎莊嚴具莊嚴一剎無礙用；以一剎莊嚴具一切剎無礙用；以一如來一眾會遍一切佛剎示現眾生無礙用；一切小剎、中剎、大剎、廣剎、深剎、仰剎、覆剎、側剎、正剎，遍諸方網，無量差別，以此普示一切眾生無礙用。是為十。

佛子，菩薩摩訶薩有十種法無礙用。何等為十，所謂：知一切法入一法、一法入一切法，而亦不違眾生心解無礙用；從般若波羅蜜出生一切法，為他解說悉令開悟無礙用；知一切法離文字，而令眾生皆得悟入無礙用；知一切法入一相，而能演說無量法相無礙用；知一切法離言說，能為他說無邊法門無礙用；於一切法善轉普門字輪無礙用；以一切法入一法門而不相違，於不可說劫說

不窮盡無礙用；以一切法悉入佛法，令諸眾生皆得悟解無礙用；知一切法無有邊際無礙用；知一切法無障礙際，猶如幻網無量差別，於無量劫為眾生說不可窮盡無礙用。是為十。

佛子。菩薩摩訶薩有十種身無礙用。何等為十，所謂以一切眾生身入己身無礙用；以己身入一切眾生身無礙用；一切佛身入一佛身無礙用；一佛身入一切佛身無礙用；一切剎入己身無礙用；以一身充遍一切三世法示現眾生無礙用；於一身示現無邊身入三昧無礙用；於一身示現眾生數等身成正覺無礙用；於一切眾生【身】現一眾生身、於一眾生身現一切眾生身無礙用；於一切眾生身示現法身、於法身示現一切眾生身無礙用。是為十。

佛子，菩薩摩訶薩有十種願無礙用。何等為十，所謂：以一切菩薩願作自願無礙用；以一切佛成菩提願力示現自成正覺無礙用；隨所化眾生自成阿耨多羅三藐三菩提無礙用；於一切無邊際劫大願不斷無礙用；遠離識身，不著智身，以自在願現一切身無礙用；捨棄自身成滿他願無礙用；普教化一切眾生而不捨大願無礙用；於一切劫行菩薩行而大願不斷無礙用；於一毛孔現成正覺，以願力故〔台圖059〕

10. 卷七十一上（傳圖23055－1，圖12）

大方廣佛花嚴經入法界品第三十九之十二　卷七十一　七十一之上

尒時，善【財童】子【於】普救眾生妙德夜神所，聞菩薩普現一切世間調伏眾生解脫門，了知【信】解，自在安住；而往寂靜音海夜神所，頂礼其足，【遶】無數帀，於前合掌而作是言：聖者，我已先發阿【耨多羅】三藐三菩提心，我欲依善知識，學菩薩行，入菩薩行，修菩薩行，住菩薩行。唯願慈哀，為我宣說：菩薩云何【學】菩薩行，云何修菩薩道。時，彼夜神【告】善財言：

善哉善哉，善男子，汝能依善知識求菩薩行。

---

① 跏，囻二九三頁註①：跏＝加宋元宮聖。

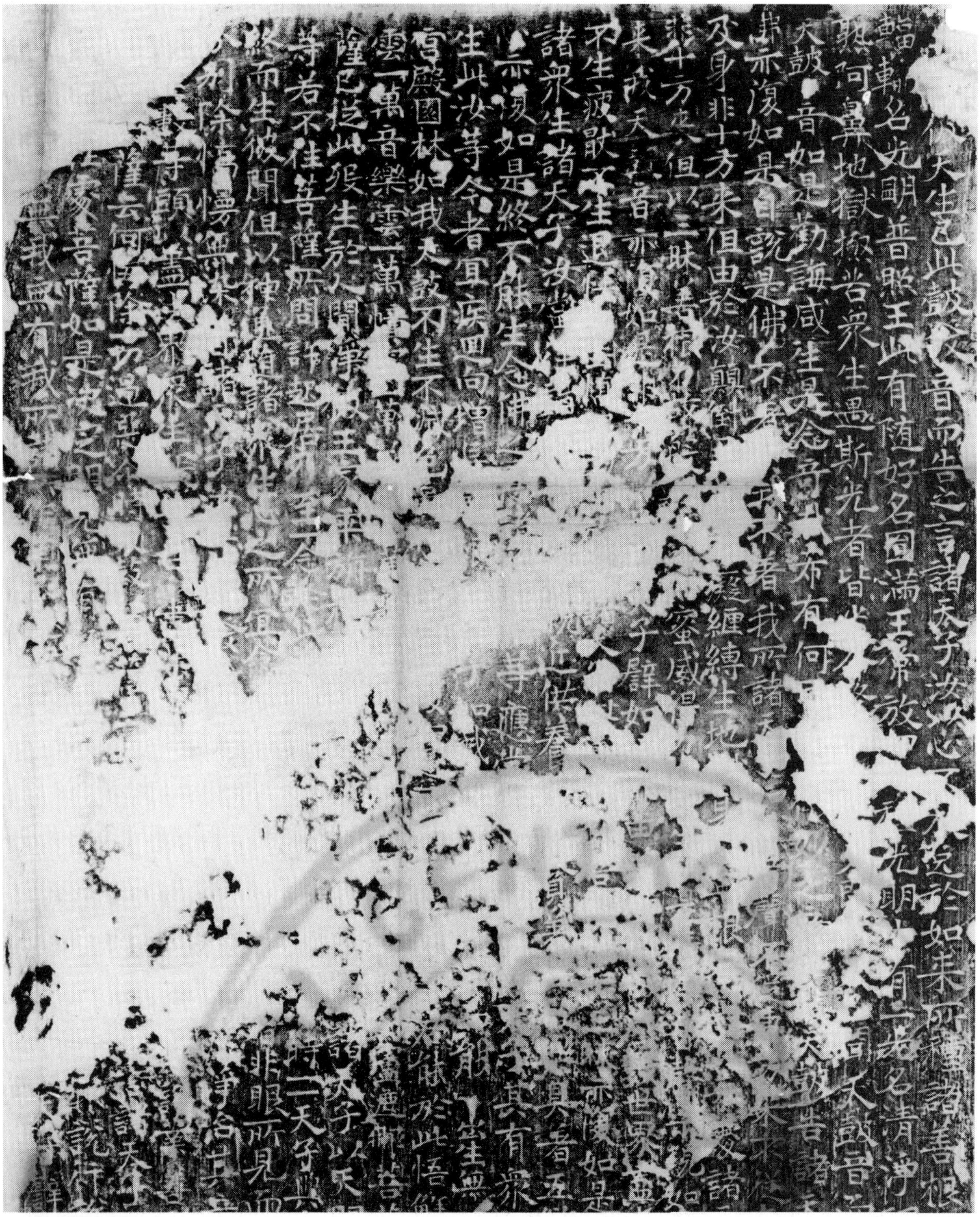

22　21　20　19　18　17　16　15　14　13　12　11　10　9　8　7　6　5　4　3　2　1

圖 10－1　台圖 007 上

善男子，我得菩【薩】念念出生廣大【喜】莊嚴解脱門。

善財言：大聖，此解脱門為何事業，行何境界，起何方便，作何觀察。

夜神言：

善男子，我發起清淨平䒭樂欲心，我發起離一切世間【塵】垢清淨堅固莊嚴不可壞樂欲心，我發起攀緣不退轉位永不退轉心，【我】發起莊嚴功

圖 10-2　台圖 007 下

德寶山不動心，我發起無住處心，我發起普現一切眾生前救護心，我發起見一切佛海無猒足心，我發起求一切菩薩清淨【願】力心，我發起住大智【光明】海心，我發起令一切眾生超過憂惱曠野心，我發起令一切眾生捨離愁憂苦惱心，我發起令一切眾生捨離不可意色、聲、香、味、觸、法心，我發起令一切眾生捨離【愛】別離苦、怨憎會苦心，我發起令一切眾生捨離惡緣、愚癡等苦心，我發起與一切險難眾生作依怙心，我發起令一切眾生出生死苦處心，我發起令一切眾生捨離生老病死等苦

图 11-1　台图 059 上

心，我發起令一切眾生成就如來無上法樂心，我發起令一切眾生皆受喜樂心。

發是心已，復為說法，令其漸至【一切智】地。所謂：若見眾生樂著所住宮殿、屋宅，我為說法，令其了達諸法自性，離諸執著；若見眾生戀著父母、兄弟、姊妹，我為說法，令其得【預】

figure 11-2 台圖 059 下

染著境界，我為說法，令其得入如來境界；若見眾【生】多瞋恚者，我為說法，【令住】如來忍波【羅蜜；若見眾】生其心懈怠，我為說法，令得清淨精進波羅蜜；若見眾生其心【散】亂，我為說

諸佛菩薩清淨眾會；若見眾生戀著妻子，我為說法，令其捨離生死愛染，起大悲心，於一切眾生平等無二；若見眾生住於王宮，【采】女侍奉，我為說法，令其得與眾聖集會，入如來教；若見眾生

法，令得如来禪波羅蜜；若見眾生入見稠【林無】明闇〈暗〉障，我為說法，【令】得出離稠林黑暗；若見眾生無智慧者，我為說法，令得般若波羅蜜；若見眾生染著三界，我為【說法】，令出生死；若見眾生【志意下劣，我】為說法，令其圓【滿】佛菩提願；若見眾生住自利行，我為說法，令其發起利益一切諸眾生願；若見眾生志力微弱，我【為】說法，令得【菩薩力波羅蜜；若見】眾生愚癡【闇心，我為說】法，令得菩薩智波羅蜜；若見眾生色相不具，我為說法，令得如来清淨色身；若見眾生形容【醜陋】，我為說法，【令得無上】清淨【法身】；若見【眾生色相麤】惡，我為說法，名〈令〉得如来微妙色身；若見眾生情多憂惱，我為說法，令得如来畢竟【安樂；若】見眾【生貧窮所苦，我為說法】，令得菩薩功德【寶藏】；若見眾生住止園林，我為說法，令彼勤求佛法因緣；若見眾生行【於】道路，我為說法，令其趣【向】一切智道；【若見眾生在聚落】中，我為說【法，令出三界】；若見眾生住止人間，我為說法，令其超越二乘之道，住如来【地】；若見眾生居住城廓，我為說法，令其得【住法王城中；若見眾生住於】四隅，我【為說法，令得】三世平等智慧；若見眾生住於諸方，我為說法，令得智慧見一切法；【若】見眾生貪行多者，我為彼說不【淨觀門，令其捨離生死愛】染；若見眾生瞋行【多者，我為彼】說大慈觀【門】，令【其】得入勤加【修習】；若見眾生癡【行多者】，我【說】法，令得明智觀諸法海；若見眾生等分行【者】，我為【說法，令其得入諸乘願海；若見眾】生樂【生死樂，我】為說法，令【其厭離】；若見眾生猒生死苦，應【為如来所化度者】，我為說法，令能方【便】示現受生；【若見眾】生愛【著五蘊，我為說法】，令其得住無依境界；【若見】眾生【其心】下劣，我為【顯】示【勝莊嚴道】；若見眾生【心生憍慢】，我為【其】說平【等法】忍；若見眾生其心【諸曲】，我【為其說菩薩直心。善男子，我以此等無量】法施〔傅圖 23055-1〕

11. 卷七十八下（台圖 068，圖 13）

菩提心者，如善見藥王，能破一切煩惱病故；菩提心者，如毗笈摩藥，能拔一切諸或〈惑〉箭故；菩提心者，猶如帝釋，一切主中最為尊故；菩提心者，如毗沙門，能斷一切貧窮苦故；菩提心者，如功德天，一切功德所莊嚴故；菩提心者，如莊嚴具，莊嚴一切諸菩薩故；菩提心者，如劫燒火，能燒一切諸有為故；菩提心者，如無生根藥，長養一切諸佛法故；菩提心者，【猶】如龍珠，能消一切煩惱毒故；菩提心者，如水清珠，能清一切煩惱濁故；菩提心者，如如意珠，周給一切諸貧之〈乏〉故；菩提心者，如功德瓶，滿足一切眾生心故；菩提心者，如如意樹，能雨一切莊嚴具故；菩提心者，如鵝羽衣，不受一切生死垢故；菩提心者，如白㲲〈氎〉線，從本已来性清淨故；菩提心者，如快利犁，能治一切眾生田故；菩提心者，如那羅延，能摧一切我見敵故；菩提心者，猶如快箭，能破一切諸苦的故；菩提心者，猶如利矛，能穿一切煩惱甲故；菩提心者，猶如堅甲，能護一切如理心故；菩提心者，猶如利刀，能斬一切煩惱首故；菩提心者，猶如利劍，能斷一切憍慢鎧故；菩提心者，如勇將幢，能伏一切諸魔軍故；菩提心者，猶如利鋸，能截一切無明樹故；菩提心者，猶如利斧，能伐一切諸苦樹故；菩提心者，猶如兵仗，能防一切諸苦難故；菩提心者，猶如善手，防護一切諸度身故；菩提心者，猶如好足，安立一切諸功德故；菩提心者，猶如眼藥，滅除一切無【明】翳故；菩提心者，猶如鉗鑷，能拔一切身見刺故；菩提心者，猶如臥具，息除生死諸勞苦故；菩提心者，如善知識，能解一切生死縛故；菩提心者，如好珎財，能除一切貧窮事故；菩提心者，如大導師，善知菩薩出要道故；菩提心者，猶如伏藏，出功德財無匱之〈乏〉故；菩提心者，猶如涌泉，生智慧水無窮盡故；菩提心者，猶如明[1]

---

[1] 明，台圖拓片此字殘損，傅圖清晰可見。

鏡，普現一切法門像故；菩提心者，猶如蓮花，不染一切諸罪垢故；菩提心者，猶如大河，流引一切度攝法故；菩提心者，如大龍王，能雨一切妙法雨故；菩提心者，猶如命根，任持菩薩大悲身故；菩提心者，猶如甘露，能令安住不死界故；菩提心者，猶如大綱，普攝一切諸眾生故；菩提心者，猶如胃〈羂〉索，攝取一切所應化故；菩提心者，猶如鈎〈鉤〉餌，出有淵中所居者故；菩提心者，如阿伽陁藥，能令無病永安隱故；菩提心者，如除毒藥，悉能銷〈消〉①歇貪愛毒故；菩提心者，如善持呪，能除一切顛倒毒故；菩提心者，猶如疾風，能卷一切諸鄣霧故；菩提心者，如大寶洲，出生一切覺分寶故；菩提心者，如好種性，出生一切白淨法故；菩提心者，猶如住宅，諸功德法所依處故；菩提心者，猶如市肆，菩薩商人貿易處故；菩提心者，如鍊〈鍊〉金藥，能治一切煩惱垢故；菩提心者，猶如好蜜，圓滿一切功德味故；菩提心者，猶如正道，令諸菩薩入智城故；菩提心者，猶如好器，能治〈持〉一切白淨法故；菩提心者，猶如時雨，能滅一切煩惱塵故；菩提心者，則為住處，一切菩薩所住處故；菩提心者，則為壽行，不取聲聞解脫果故；菩提心者，如淨瑠璃，自性明潔無諸垢故；菩提心者，如帝青寶，出過世間二乘智故；菩提心者，如更漏故〈鼓〉，覺諸眾生煩惱睡故；菩提心者，如清淨水，性本澄潔無垢濁故；菩提心者，如閻浮金，暎奪一切有為善故；菩提心者，如大山王，超出一切諸世間故；菩提心者，則為所歸，不拒一切諸來者故；菩提心者，則為義利，能除一切衰惱事故；菩提心者，則為妙寶，能令一切心歡喜故；菩提心者，如大施會，充滿一切眾生心故；菩提心者，則為尊勝，諸眾生心無與等故；菩提心者，猶如大〈伏〉藏，能攝一切諸佛法故；菩提心者，如因陁羅綱，能伏煩惱阿脩羅故；菩提心者，如婆樓那風，能動一切所應化故；菩提心者，如因陁羅火，能燒一切諸惑習故；菩提心者，如佛支提，一切世間應供養故。

善男子，菩提心者，成就如是無量功德；舉要言之，應知悉與一切佛法諸功德等。何以故，因菩提心出生一切諸菩薩行，三世如來從菩提心而出生故。是故，善男子，若有發阿耨多羅三藐三菩提心者，則已出生無量功德，普能攝取一切智道。

善男子，譬如有人，得無畏藥，離五恐怖。何等為五，所謂火不能燒，毒不能中，刀不能傷，水不能漂，煙不能熏。菩薩摩訶薩亦復如是，得一切智菩提心藥，貪火不燒，瞋毒不中，或〈惑〉刀不傷，有流不漂，諸覺觀烟不能熏害。

善男子，譬如有人，得解脫藥，終無橫〈橫〉難。菩薩摩訶薩亦復如是，得菩提心解脫智藥，永離一切生死橫難。

善男子，譬如有人，持摩訶應伽藥，毒虵聞氣，即皆遠去。菩薩摩訶薩亦復如是，持菩提心大應伽藥，一切煩惱諸惡毒虵，聞其氣者，悉皆散滅。

善男子，譬如有人，持無勝藥，一切怨敵無能勝者。菩薩摩訶薩亦復如是，持菩提心無能勝藥，悉能降伏一切摩〈魔〉軍。

善男子，譬如有人，持毗笈摩藥，能令毒箭自然墮落。菩薩摩訶薩亦復如是，持菩提心毗笈摩藥，令貪恚癡諸邪見箭自然墮落。

善男子，譬如有人，持善見藥，能除一切所有諸病。菩薩摩訶薩亦復如是，持菩提心善見藥王，悉除一切諸煩惱病。

善男子，如有藥樹，名珊陁那，有取其皮以塗瘡者，瘡即除【愈】；然其樹皮，隨取隨生，終不可盡。菩薩摩訶薩從菩提心生一切智樹亦復如是，若有得見而生信者，煩惱業瘡悉得消滅，一切智樹初無所損。

善男子，如有藥樹，名無生根，以其力故，增長一切閻浮提樹。菩薩摩〔訶〕薩菩提心樹亦復如是，以其力故，增長一切學與無學及諸菩薩所有善法。

---

① 消，囮四三〇頁註⑥：消＝銷宮聖。

圖 12-1　傅圖 23055-1 上

善男子，譬如有藥，名阿藍婆，若用塗身，身之與心咸有堪能。菩薩摩訶薩得菩提心阿藍婆藥亦復如是，令其身心增長善法。

善男子，譬如有人，得念力藥，凡所聞事憶持不忘。菩薩摩訶薩得菩提心念力妙藥，悉能聞持一切佛法皆無忘失。

善男子，譬如有藥，名大蓮花，其有服者住壽一劫。菩薩摩訶薩服菩提心大蓮花藥亦復如是，於無數劫，壽命自在。

善男子，譬如有人，執翳形藥，人與非人悉不能見。菩薩摩訶薩執菩提心翳形妙藥，一切諸魔不能得見。

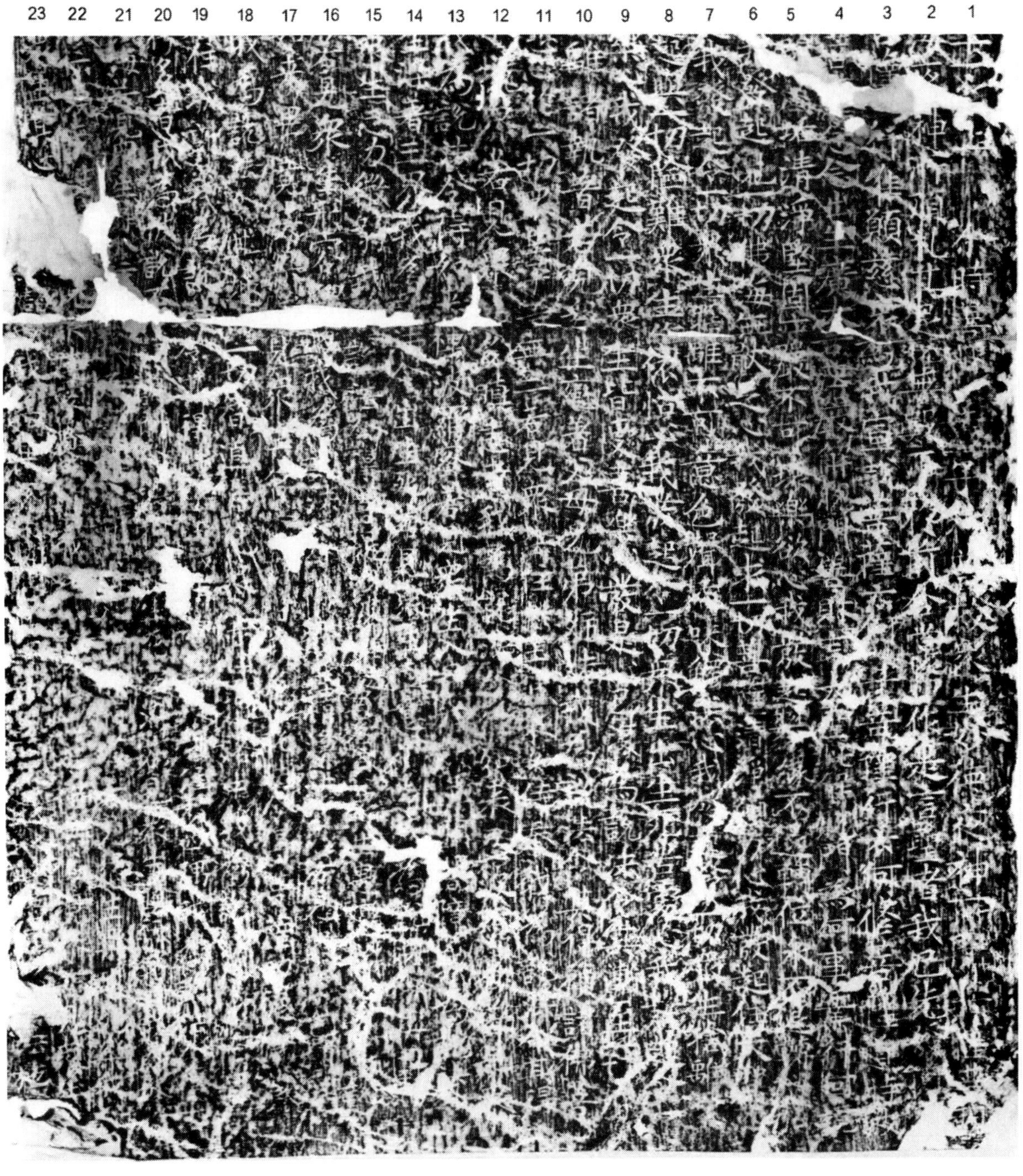

圖12-2 傅圖23055-1下

善男子，如海有珠，名普集眾寶，此珠若在，假使劫火焚燒世間，能令此海減於一滴，無有是處。菩薩摩訶薩菩提心珠亦復如是，住於菩薩大願海中，若常憶持不令退失，能懷〈壞〉菩薩一善根者，終無是處；〔若〕退其心，一切善法即皆散滅。

善男子，如有摩尼，名大光明，有以此珠瓔珞身者，暎蔽一切寶莊嚴具，【所】有光明悉皆不現。菩薩摩訶薩菩提心寶亦復如是，瓔珞其身，暎蔽一切二乘心寶，諸莊嚴具悉無光彩。

善男子，如水清珠，能清濁水。菩薩摩訶薩菩提心珠亦復如是，能清【一切】煩惱垢濁。

善男子，譬如有人，得住水寶，繫其身上，入大海中，不為水害。菩薩摩訶薩亦復如是，得菩提心住水妙寶，入於一切生死海中，終不沉沒。

善男子，譬如有人，得龍〔台圖068〕

圖13 台圖068

五、可補晉博拓片文字殘損的台圖和傅圖拓片截圖

台圖和傅圖拓片中，比晉博拓片保留更完整、可以整片錄校者，已畢陳於上。

另有十六幅台圖拓片，與晉博拓片相比局部更完整清晰可補晉博拓片殘損者達十八處，其中4處可補字數較多。

而傅圖拓片可補晉博拓片殘損文字較多者共有兩幅：①傅圖23047-2，對應晉博093-3。晉博拓片刻有20行經文，第8—20行上部每行所殘損的3—15字，傅圖拓片多可識讀。②傅圖23043-3，從開頭至結尾斷斷續續比晉博109-1能多識讀100多字，如"離分別無種種無差別"9字，大正藏本作"離分別無種種差別"（無註），CBETA在修訂時在"差別"前直接加了"無"字。

本文以截圖方式、按《華嚴經》經文順序將上述兩種拓片展示於下，以方便讀者對比參看《晉祠華嚴石經》、晉博拓片或其錄文。

圖14 台圖032下部
（對應晉博028-1）

圖15 台圖055上右上中
（對應晉博031-1）

圖 16　台圖 006 上部和中部交界處（對應晉博 033 - 1，可補字數較多）

圖 17　台圖 060 下部
（對應晉博 036①- 3）

圖 18　台圖 041 下中
（對應晉博 037 - 1）

圖 19　台圖 027 上部
（對應晉博 039①- 4）

圖20 台圖021末行（對應晉博061-3）

圖21 台圖015下部（對應晉博073-2，可補字數較多）

《風峪華嚴石經》流散拓片錄文校註

圖23 台圖040末行（對應晉博074下-1）

圖24 台圖048下中和下左
（對應晉博077-3）

圖25 台圖053上中
（對應晉博081-1）

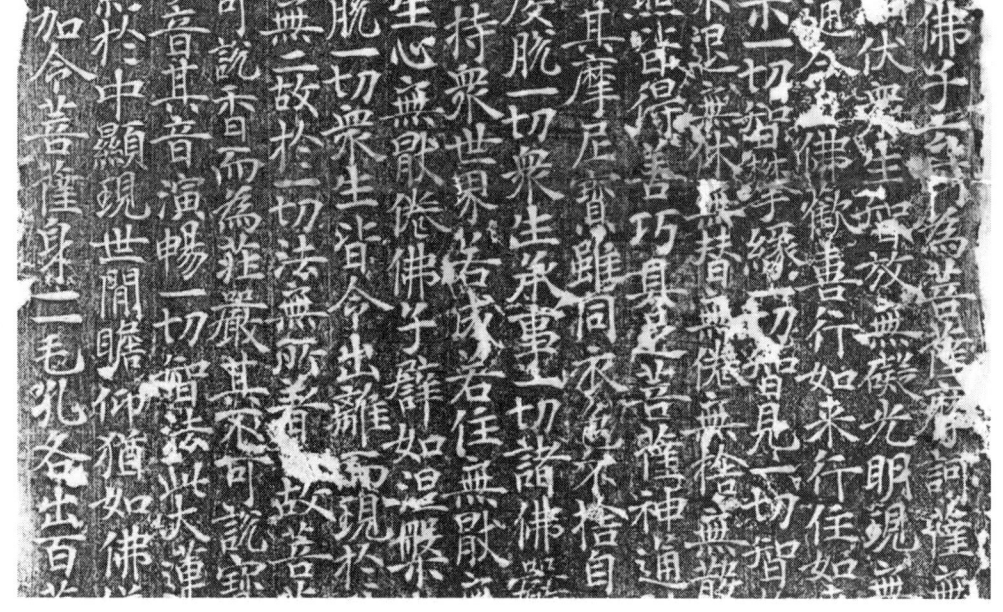

圖22
台圖040首行
（對應晉博074下-1）

圖26 台圖054中部
（對應晉博085-1，可補字數較多）

143

圖27　台圖042中下部（對應晋博093-2）

圖 28　傅圖 23047-2 上中部（對應晉博 093-3，台圖缺）

图29 台图014上中上左（对应晋博099-1，可补字数较多）

《風峪華嚴石經》流散拓片錄文校註

圖30 傅圖23043-3全圖
（對應晉譯109-1，可補字數較多，合圖讀）

圖31　台圖046上左（對應晉博116－1） 　　圖32　台圖046下左（對應晉博116－1）

六、新增異形字對照表

蔽（蔽）剄（剛）害（害）悟（覺）會（會）
撦（極）穽（寂）繫（繫）叚（假）金（金）
就（就）胃（胃）藍（藍）練（練）滿（滿）
朙（明）鑞（鑞）褥（褥）槃（槃）祇（祇）
勁（勁）勍（勍）勸（勸）散（散）穪（稱）
剎（剎）珊（珊）攝（攝）聲（聲）釋（釋）
數（數）衰（衰）貪（貪）悟（瘖）險（險）
諧（諧）洲（淵）瞻（瞻）諍（諍）揔（總）

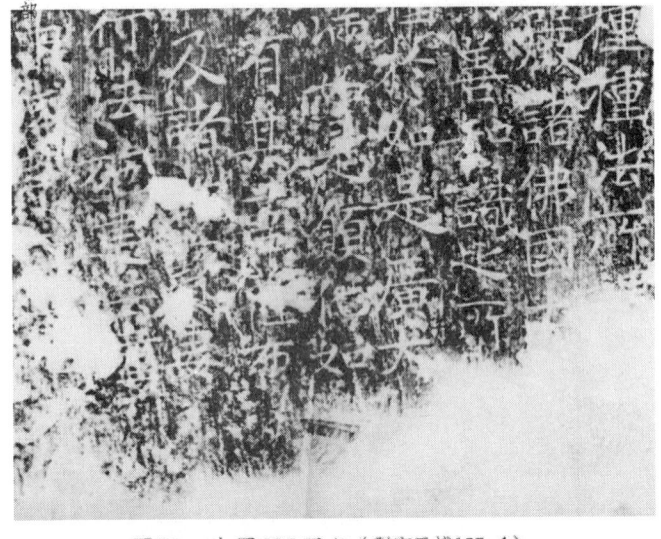

圖33　台圖008下部（對應晉博157-4）

乡宁马壁峪秦王庙唐摩崖刻经考

刘 勇

摘 要 乡宁马壁峪秦王庙存唐显庆六年（661）摩崖刻经《妙法莲华经观世音菩萨普门品》《佛说出家功德经》，均为全文刻经，保存完整，是极其珍贵的唐代摩崖刻经实物，颇具中古佛教史、地方史及书法等多学科研究价值。

关键词 山西乡宁马壁峪秦王庙 摩崖刻经 唐显庆六年 《妙法莲华经观世音菩萨普门品》 《佛说出家功德经》

唐代佛教大兴，各地民众开凿石窟、摩崖造像的祈福活动十分普遍。历经千年沧桑，摩崖刻经原地保存至今者已是罕见。

今山西省乡宁县云丘山东部有峡谷，名马壁峪。一条古道自汾河下游北上经此蜿蜒行进，进入吕梁山脉南部山区，可达今乡宁县城。

峡谷中的丁石古村边幽深溪谷底部巨岩之上，古人行迹还可分辨。村中存部分依山层叠而建的石窑建筑。

由丁石村继续北行数公里，河谷两侧是垂直壁立的山崖。山谷一转弯处，崖壁呈东西走势，壁下有相连的两座小石窟，坐北朝南，内一供秦王，一供土地，均为新作塑像。此地名为秦王庙，传说唐初秦王李世民曾在此对抗刘武周将领宋金刚部，后将其击溃。唐军继续追击，恢复了唐在山西的统治。此役是李世民征战的辉煌战例，也是唐王朝初年由稳定周边走向统一全国的战争转折点。而从当地方志记载判断，秦王庙可能为晚近出现，更早时为观音堂。

一、摩崖造像和刻经的历史与现状

秦王庙石窟洞后侧上方即是东西走向崖壁，上存摩崖造像残迹和刻经。造像和刻经均为坐北朝南。开凿面总高350厘米，总长500厘米，摩崖造像壁面较刻经壁面向岩壁内开凿深入约20厘米。

光绪《山西通志》卷97《金石记 九》载："马壁峪摩崖佛经 显庆五年 今在乡宁县南七十五里。《乡宁县志》：峪有观音堂在陡壁下，摩崖碑字画端，楷刻观音经。明隆庆二年也。谨案：石刻心经后署显庆字甚明燎，志误。"

实际上，此处唐刻经年款为显庆六年，《金石记》误为五年。《金石记》又误以刻经内容为《心经》。上引《乡宁县志》所述碑文内容亦不全。另，现之秦王庙或旧时为观音堂。

崖壁壁面经人工平整，分两部分，西侧是高浮雕造像，东侧是刻经。壁面上有大小不一的方孔，应是旧时为防护造像、刻经而建的木构痕迹。

图1 秦王庙摩崖造像和刻经

西侧造像被凿毁，从其轮廓判断，主体造像应为一佛、二弟子、二胁侍菩萨组成的五尊像。主体造像西侧又有单独雕凿的一尊菩萨立像。在五尊像与菩萨立像之间壁面下部，还能分辨出雕有一佛二菩萨像的小龛痕迹。这一小龛西侧壁面上依稀可见"功德主"三字。造像被毁严重，从残存的孔武有力的托举力士和菩萨立像的丰腴赤足，还能依稀联想到盛唐气象。

造像东侧紧邻的石壁打磨平整，上镌刻佛经，开凿面总长215厘米，总宽155厘米，石经部分宽128厘米。幸运的是，刻经大体保存完好。壁面铭文之间可见中古时碑刻和摩崖石刻铭文常用线格。在综合考虑壁面面积和铭文字数后，先在壁面的横纵方向划出线格，然后直接在壁面上书写、镌刻。刻经书体收放自如，笔力雄劲，大气磅礴，一气呵成，是珍贵的唐代楷书刻经精品。

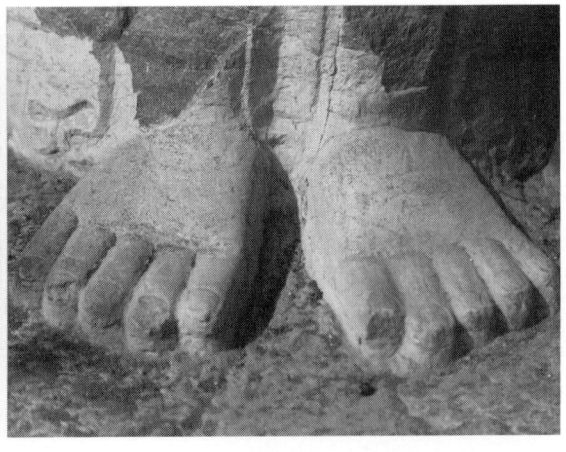

图2 秦王庙摩崖造像　　　　图3 秦王庙摩崖造像残存足部

图4 秦王庙摩崖石刻

二、录　文

录文体例：①结合现场考察和拓片进行识读录文；②另加经题以便区别；③每段录文对应一行石刻，而非按经义分段；④行前数字表示经文自右向左的纵向行序；⑤〇表示空格无字，□表示无法识别，/表示行末止处；⑥简化字、与规范字形差别较大的异体字保留原字形，草书按规范繁体字录入；⑦经文标点依照主要校本，题名文字不加标点。

妙法蓮華經
觀世音菩薩普門品第廿四

01. 妙法蓮華經觀世音菩薩普門品第廿四①。〇〇〇〇〇尒時无盡意菩薩即從座起，偏袒右肩，合掌向佛，而作是言：世尊②！觀世音菩薩以何因緣名觀世音？〇佛告无盡意菩薩：善男子，若有无量/

02. 百千万③億眾生受諸苦惱，聞是觀世音菩薩，一心稱名。觀世音菩薩即時觀其音聲，皆得解脫。〇若有持是觀世音菩薩名者，設入大火，火不能燒，由是菩薩威神力故。若爲大水所漂/

03. 稱其名号，即得淺處。若有百千万億眾生爲求金銀、瑠璃、車璩、馬瑙、珊瑚、虎珀、真珠等寶，入於大海，假使黑風吹其船舫，飄④墮羅刹鬼國，其中若有乃至一人稱觀世音菩薩名者，是諸/

04. 人等皆得解脫羅刹之難。以是因緣名觀世音。〇若復有人臨當被害，稱觀世音菩薩名者，彼所執刀杖，尋段段壞，而得解脫。若三千大千國土，滿中夜叉羅刹欲來惱人，聞其稱觀世/

05. 音菩薩名者，是諸惡鬼尚不能以惡眼視之，況復加害？〇設復有人，若有罪，若无罪，杻械、枷鏁捡⑤繫其身，稱觀世音菩薩名者，皆悉斷壞，即得解脫。若三千大千國土滿中怨賊，有一商/

06. 主將諸商人賷持重寶，經過險路，其中一人作是唱言：諸善男子，勿得恐怖，汝等應當一心稱觀世音菩薩名号⑥。是菩薩⑦能以无畏施於眾生，汝等若稱名者，於此怨賊，當得解脫。眾商/

07. 人聞，俱發聲言：南无觀世音菩薩！稱其名故，即得解脫。无盡意！觀世音菩薩摩訶薩威神之力，巍巍如是。〇若有眾生多於婬欲，常念恭敬觀世音菩薩，便得離欲。若多瞋恚，常念恭敬/

08. 觀世音菩薩，便得離瞋。若多愚癡，常念恭敬觀世音菩薩，便得離癡。无盡意！觀世音菩薩有如是等大威神力，多所饒益，是故眾生常應心念。〇若有女人，設欲求男，礼拜供養觀世音/

09. 菩薩，便生福德智慧⑧之男。設欲求女，便生端正有相之女。宿殖德本，眾人愛敬。无盡意！觀世音菩薩有如是力，若有眾生恭敬礼拜觀世音菩薩，福不唐捐。是故，眾生皆應受持觀世音/

---

① 目前学界研究《妙法莲华经》最善本为罗炤、贺铭先生点校的《隋唐版本〈妙法莲华经〉合校》，见房山石经博物馆、房山石经与云居寺文化研究中心编《石经研究（第二辑）》（华夏出版社2018年10月版），注释称为"合校本"。

② "世尊"，合校本无此二字。

③ 万，合校本作"萬"。03行"万"同。

④ 飘，合校本作"漂"。

⑤ 捡，合校本作"检"。

⑥ "名号"，合校本无此二字。

⑦ "是菩萨"，合校本无此三字。

⑧ 慧，合校本作"惠"。

10. 菩薩名号。无盡意！若有人受持六十二億恒河沙菩薩名字，復盡形供養飲食、衣服、卧具①、醫藥，於汝意②云何？是善男子、善女人，功德多不？无盡意言：甚多，世尊。佛言：若復有人受持觀世/

11. 音菩薩名号，乃至一時礼拜、供養，是二人福，正等无異於百千万③億劫不可窮盡。无盡意！受持觀世音菩薩名号，得如是无量無④邊福德之利。○无盡意菩薩白佛言：世尊！觀世音菩薩/

12. 云何遊此娑婆世界？云何而爲衆生説法？方便之力其事云何⑤？佛告无盡意菩薩：善男子！若有國土衆生，應以佛身得度者，觀世音菩薩即現佛身而爲説法；應以辟支⑥佛身得度者，即/

13. 現辟支佛身而爲説法；應以聲聞身得度者，即現聲聞⑦身而爲説法；應以梵王身得度者，即現梵王身而爲説法；應以帝釋身得度者，即現帝釋身而爲説法；應以自在天身得度者，即/

14. 現自在天身而爲説法；應以大自在天身得度者，即現大自在天身而爲説法；應以天大將軍身得度者，即現天大將軍身而爲説法；應以毗沙門身得度者，即現毗沙門身而爲説法。/

15. 應以小王身得度者，即現小王身而爲説法；應以長者身得度者，即現長者身而爲説法；應以居士身得度者，即現居士身而爲説法；應以宰官身得度者，即現宰官身而爲説法；應以/

16. 婆羅門身得度者，即現婆羅門身而爲説法；應以比丘、比丘尼、優婆塞、優婆夷身得度者，即現比丘、比丘尼、優婆塞、優婆夷身而爲説法；應以長者、居士、宰官、婆羅門婦女身得度者，即/

17. □婦女身而爲説法；應以童男、童女身得度者，即現童男、童女身而爲説法；應以天龍夜叉、軋⑧闥婆、阿修羅、迦樓羅、緊那羅、摩睺羅伽、人非人等身得度者，即皆現之而爲説法；應以執/

18. 金剛神得度者，即現執金剛神而爲説法。无盡意！是觀世音菩薩成就如是功德，以種種形游諸國土，度脱衆生。是故，汝等應當一心供養觀世音菩薩。是觀世音菩薩摩訶薩，於怖畏/

19. 急難之中能施无畏，是故，此娑婆世界皆号之爲施无畏者。无盡意菩薩⑨白佛言：世尊！我今當供養觀世音菩薩⑩。即解頸衆寶珠、瓔珞價直百千兩金而以與之。作是言：仁者，受此法施/

20. 珍寶、瓔珞，時觀世音菩薩不肯受之。无盡意復白觀世音菩薩言：仁者，愍我等故受此瓔珞。尒時，佛告觀世音菩薩，當愍此无盡意菩薩及四衆、天龍、夜叉、軋⑪闥婆、阿修羅、迦樓羅、緊那/

21. 羅、摩睺羅伽、人非人等故受是瓔珞。即時，觀世音菩薩愍諸四衆及於天龍、人非人等，受其瓔珞，分作二分，一分奉釋迦牟尼佛，一分奉多寶佛塔。无盡意！觀世音菩薩有如是自在神/

① 具，合校本无此字。
② 意，合校本无此字。
③ 万，合校本作"萬"。
④ 無，合校本作"无"。
⑤ "云何"，合校本无此二字。
⑥ 支，合校本作"伎"。
⑦ 聞，合校本无此字。
⑧ 軋，合校本作"乾"。
⑨ "菩薩"，合校本无此二字。
⑩ "菩薩"，合校本作"薩菩"。
⑪ 軋，合校本作"乾"。

22. 力，游於娑婆世界。○○尒時，无盡意菩薩以偈問曰：○世尊妙相具，我今重問彼，佛子何因緣，名爲觀世音？具足妙相尊，偈答無①盡意：汝聽觀音行，善應諸方所。弘誓深如海，歷劫不思議。／

23. 侍多千憶②佛，發大清淨願。○我爲汝略説，聞名及見身。心念不空過，能滅諸有苦。假使興害意，推落大火坑，念彼觀音力，火坑變成池。或漂③流巨海，龍魚諸鬼難，念彼觀音力，波浪不能没。／

24. 或在須弥峯，爲人所推墮，念彼觀音力，如日④虛空住。○或被惡人逐，墮落金剛山，念彼觀音力，不能損一毛。或值怨賊遶，各執刀加害，念彼觀音力，咸即起慈心。或遭王難苦，臨刑⑤欲壽終，／

25. 念彼觀音力，刀尋段段壞。或囚禁枷鏁⑥，手足被杻械，○念彼觀音力，釋然得解脱。咒詛⑦諸毒藥，所欲害身者，念彼觀音力，還著於本人。或遇惡羅刹，毒龍諸鬼等，念彼觀音力，時悉不敢害。／

26. 若惡獸圍遶，利牙抓可怖，念彼觀音力，疾走无邊方。蚖蛇及蝮蠍，氣毒煙火燃，念彼觀音力，尋聲自迴去。雲雷鼓掣電，降雹澍大雨，念彼觀音力，應時得消散。衆生被困厄，無量苦逼身，／

27. 觀音妙智力，能救世間苦。具足神通力，廣修智方便，十方諸國土，无刹不現身。種種諸惡趣，地獄鬼畜生，生老病死苦，以漸悉令滅。真觀清淨觀，廣大智慧⑧觀，悲觀及慈觀，當願常瞻仰。／

28. 無垢清淨光，慧日破諸闇⑨，能伏災風火，普明照世間。悲體戒雷震，慈音妙大雲，澍甘露法雨，滅除煩惱炎。諍訟經官處，怖畏軍陣中，念彼觀音力，衆怨悉退散。妙音觀世音，梵音海潮音，／

29. 勝彼世間音，是故須常念。念念勿生疑，觀世音淨聖，於苦惱死厄，能爲作依怙。具一切功德，慈眼視衆生，福聚海无量，是故應頂礼。○尒時持地菩薩即從座⑩起，前白佛言：世尊！若有衆／

30. 生聞是觀世音菩薩品自在之業，普門示現神通力者，當知是人功德不少。佛説是普門品時，衆中八萬四千衆生，皆發無⑪等等阿耨多羅三藐三菩提心。／

图5　秦王庙摩崖石刻局部特写

① 無，合校本作"无"。
② 憶，合校本作"億"。
③ 瀌，合校本作"漂"。
④ 日，合校本作"目"。
⑤ 刑，合校本作"形"。
⑥ 鏁，合校本作"锁"。
⑦ 詛，合校本作"咀"。
⑧ 慧，合校本作"惠"。
⑨ "慧日破諸闇"，合校本作"惠日破諸暗"。
⑩ 座，合校本作"坐"。
⑪ 無，合校本作"无"。

佛説出家功德經
一卷

31. 佛説出家功德經一卷①○尒時，世尊②在王舍城迦蘭陁竹林園中，天龍八部大衆圍遶。尒時③，佛爲説出家功德其福甚多，若放男女，若放人民，若放④奴婢，若自己身出家入道，功德無⑤量，/

32. 不可稱計，布施之福⑥，十世受報⑦，六天之中，往返十到。猶故，不如放人出家。若自出家，功德寂勝，何以故？步施之報，福有限極，出家之福，無量□邊。又持戒果報，五通神仙受大果⑧報，極至/

33. 梵天。於佛法中，出家果報，不可思議，乃至涅槃，福不可盡⑨。假使有人起七寶塌⑩，高至三十三天，所得功德亦⑪不如出家。何以故？七寶塌⑫者，或有⑬貪惡愚人能破壞故。出家之法，无有毀壞，/

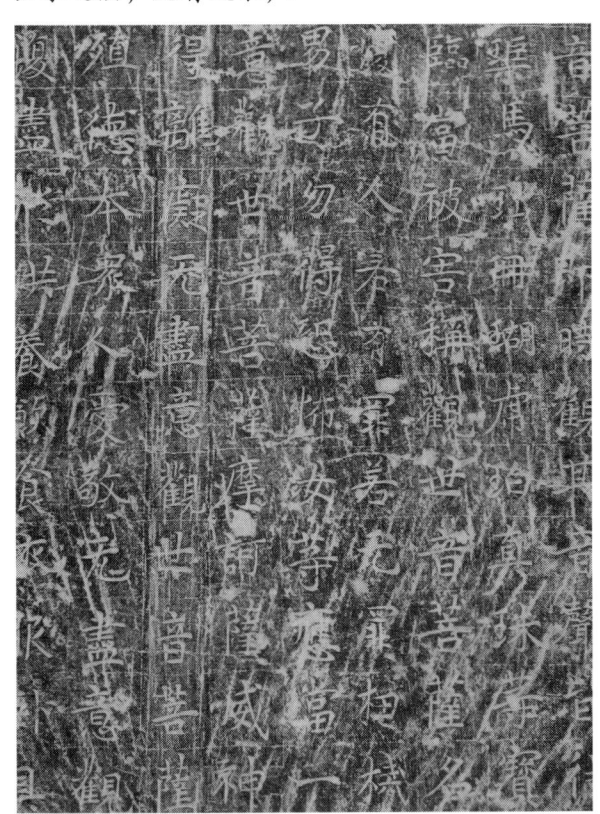

图6　秦王庙摩崖石刻局部拓片特写之一

① 中国佛教协会、中国佛教图书文物馆编《房山石经·隋唐刻经1》，华夏出版社2000年版，第229页，有《佛说出家功德经一卷》拓片图版，目录载此卷"出《贤愚经 出家功德尸利苾提品》（元魏凉州沙门惠觉等译）贞观五年（631）"。此刻经早于马壁峪秦王庙刻经，为房山贞观本。

又《房山石经·隋唐刻经2》华夏出版社2000年版，第408页，有武周长寿三年（694）《佛说出家功德经一卷》拓片图版，为房山长寿本。此拓片图版中部漫漶，内容与贞观本基本类似，时代晚于马壁峪秦王庙刻经，故未比对。

四川安岳卧佛院石窟第33窟有《佛说出家功德经》刻经本，缺损较多，录文见雷德侯主编、蔡穗玲、孙华分册主编《中国佛教石经 四川省》第2卷，中国美术学院出版社2014年版，第401-402页。有关《佛说出家功德经》研究参见该书第53-56页。蔡穗玲先生认为卧佛院刻经现存题记均在开元年间，此《佛说出家功德经》刻经时间至少为开元前。此即为卧佛院本。

经刘屹兄指引，查国图收藏敦煌文书BD01034背面有《佛说出家功德经》，谨此志谢。此写本保存较完整，为敦煌本。

以下注释引用《佛说出家功德经》此三种版本，分称为房山贞观本、卧佛院本、敦煌本。

② "世尊"，房山贞观本此二字后有"佛"字。
③ "尒時"，敦煌本无此二字。
④ "若放"，房山贞观本无此二字。
⑤ 無，房山贞观本、卧佛院本、敦煌本作"无"。
⑥ 福，房山贞观本、卧佛院本、敦煌本作"报"。
⑦ 報，房山贞观本、卧佛院本、敦煌本作"福"。
⑧ 果，房山贞观本、卧佛院本、敦煌本作"福"。
⑨ 盡，房山贞观本、卧佛院本作"穷盡"、敦煌本作"量"。
⑩ 塌，房山贞观本、卧佛院本、敦煌本作"塔"。敦煌本"塔"后有"者"字。
⑪ "亦不如出家"，敦煌本作"不如放出家"。
⑫ 塌，房山贞观本、卧佛院本、敦煌本作"塔"。
⑬ "或有"，敦煌本无此二字。

34. 欲求善法，除佛一人①，更無勝此出家果報②。如千盲人，有一良醫能治其目，一時明見。又有千人罪應挑眼，一人有力能救其罪，令不挑眼。此二人福，雖複无量，亦不如放人出家，其③福寧/

35. 大。何以故？雖免於二種人目，此人各獲一世之利。有肉眼，故性有敗壞④。放人出家，⑤若自出家，展轉示導⑥，一切衆生，永劫無⑦窮，慧明⑧之性，歷劫無壞，何以⑨故？福報人天之中，姿意受樂，无窮/

36. 无極⑩，畢⑪成佛道⑫。所以者何？由出家法，滅魔眷屬，增益佛種，摧滅惡法，長養⑬善法⑭，洗除罪垢，興盛⑮福業。是故，佛說出家功德，高於須彌，深於巨海，廣於虛空，无量無邊。若使有人於出家者/

37. 爲作留難而相抑制，故違⑯其心，不聽出家入於佛道，是人則⑰斷世間佛種。其罪甚重，不可稱計。辟如大海，江河万流，悉入其中。此人罪報亦復如是，一切諸惡皆集其身，是⑱人現世得白/

38. 癲⑲病，命終當入黑闇地獄，无有出期⑳。如須彌山劫火所燒，無有遺餘。此人亦復如是㉑。尒時，佛說：死入地獄，火燒其身，無有休息。㉒辟如迦樓醯藥，極至苦毒，若等斤兩比於石蜜，此善惡報/

---

① "一人"，房山貞觀本、臥佛院本、敦煌本作"法己"。

② "更無勝此出家果報"，"無"，房山貞觀本作"无"。"此出家果報"，敦煌本作"故"。

③ "亦不如放人出家"，"亦"字前，房山貞觀本、臥佛院本、敦煌本有"猶"字，房山貞觀本、敦煌本此句後有"若自出家"。

④ "有肉眼，故性有敗壞"，房山貞觀本作"又肉眼性有敗壞法"；臥佛院本作"又肉眼性，性有敗壞"。

⑤ "其福寧大。何以故？……放人出家"，敦煌本无此句。

⑥ 導，敦煌本作"道"。

⑦ 無，房山貞觀本作"无"。

⑧ "慧明"，房山貞觀本作"慧眼"，敦煌本作"惠眼"。

⑨ "何以"，房山貞觀本、臥佛院本、敦煌本作"是"。

⑩ "无極"，房山貞觀本作"无盡"。"无窮无極"，臥佛院本作"无窮無盡極"。

⑪ 畢，敦煌本作"果"。

⑫ "佛道"，房山貞觀本作"道"。

⑬ "長養"，敦煌本作"增長"。

⑭ 法，臥佛院本作"德"。

⑮ 盛，房山貞觀本、臥佛院本作"成"。

⑯ 違，敦煌本作"爲"。

⑰ 則，敦煌本作"即"。

⑱ 是，臥佛院本作"此"。

⑲ 癲，敦煌本作"賴"。

⑳ "无有出期"，房山貞觀本、臥佛院本此四字前有"展轉地獄"四字，敦煌本此四字作"展轉地獄"。

㉑ "復如是"，敦煌本作"耳"。

㉒ "尒時，佛說：死入地獄，火燒其身，無有休息"，敦煌本作"地獄火燒无有窮已"。

图7 秦王庙摩崖石刻拓片局部特写之二

39. 亦復如是。放人出家，若自出家①，功德寂大，何以故？② 以出家人③修多羅爲水，洗結使之垢④，消/

40. 滅生死之苦⑤，以⑥爲涅槃之因⑦，以毗尼爲足，以踐淨戒之地，阿毗曇爲目視世善惡，姿意遊/

41. 步八正之路，至涅槃之妙⑧城。以是義故，放人出家⑨，若長若幼，其福寂勝。一切大衆聞佛所/

42. 説，皆發道意，歡喜奉行，作礼而去。

文後題名

42（接经文）. 顯慶六年二月十五日馬文才妻戴爲亡父母及現存家口敬造出家功德經

在刻经壁面右下角部分（自右向左）：

01. 李興爲任男王師仲毛遼毛則孫同/

02. 永豐閤續勒石〇杜玄竭/

03. 姚弘願皇甫金生趙才□驍騎尉杜智德/

04. 發心主段元慶爲七世祖及亡父現存母合家大小/

刻经壁面西侧另开一小平面，题名分四组（自上向下）：

第一组：

馬君悉供/養仏/馬仙容祖婆崔/

第二组：

01. 發心造觀世音經主段順及妻王爲合門見存大小家口一十七/

02. 人男才懿妻杜才信妻張孫玄表玄約玄敬伏護善護孫女相/

03. 子明敬舍明仵明清羅等一心供養〇〇〇助經主儀同王苟生/

04. 書經人薛弘嗣〇鐫經人李君剛〇助鐫人李君意/

第三组：

左側雕一線刻和尚立像。

右側題名：

01. 副發心主馬文才爲亡父寶及見存母張及弟婦妹等文/

02. 才母張炎光〇〇此是沙門比丘玄寂師/

第四组：

01. 宵孝成願一切見聞者悉發菩提心/

02. 杜儻子爲亡母及見存父王通一心供養/

03. 王仁湛邊伏興錄事張德林隊正張神興等助造經/

04. 發心助寫經張思德爲亡母願成主楊志德爲亡父母/

05. 薛大奴爲一切東行人平安〇化主皇甫寬爲亡男助經/ ⑩

---

① "若自出家"，敦煌本無此四字。

② "何以故"，房山貞觀本、臥佛院本、敦煌本無此三字。

③ 人，臥佛院本作"之人"。

④ "結使之垢"，房山貞觀本、臥佛院本作"潔煩惱垢"、敦煌本作"结使之罪垢"。

⑤ 苦，房山貞觀本、臥佛院本作"苦秽"。

⑥ 以，敦煌本無此字。

⑦ 因，敦煌本作"乐"。

⑧ "之妙"，敦煌本無此二字。

⑨ "放人出家"，房山貞觀本、臥佛院本、敦煌本此四字後有"若自出家"四字。

⑩ 乡宁县文物旅游服务中心编《乡宁古碑文集》，山西人民出版社2021年版，第573-576页，载有此刻经录文，偶有错录，未分行。本文据现场观察、图片及拓片比对，按原文格式整理。

三、释 读

1. 摩崖刻经的研究价值

此处刻经为《妙法莲华经观世音菩萨普门品》《佛说出家功德经一卷》两部佛经。佛经文字数量大，刻经内容常为经文节选。此处《妙法莲华经观世音菩萨普门品》《佛说出家功德经》为全文刊刻，除个别字外，均能识读，是早期经文的石经版本。

两部刻经书体一致，因此可以文后戴氏发愿落款时间为刻经完成时间。此唐代摩崖刻经，镌刻完成于唐高宗显庆六年（661 年），时代较早，保存基本完好。书体为标准唐楷，体现盛唐文化内涵，是山西境内目前发现最为完整的唐代摩崖刻经，具有十分重要的历史、版本和书法价值，弥足珍贵。

图8 秦王庙摩崖石刻"顯慶六年二月十五日"年款

马壁峪秦王庙《观世音菩萨普门品》刻经可与传世的《妙法莲华经》互校。目前学界关于《妙法莲华经》最为重要的版本研究文章，为罗炤、贺铭先生的《隋唐版本＜妙法莲华经＞合校》。经比对，此唐摩崖刻经《妙法莲华经观世音菩萨普门品》与合校本有 31 处差异，多为可替代同音字或异体字。《观世音菩萨普门品》为中古佛教社会热门流传经卷，此唐代刻经采用通行版本，字迹至今清晰可辨。

《佛说出家功德经》亦为唐代较流行佛经，但刻经保存较少，目前有数个唐代版本可与此刻经比对。

《房山石经》存有此经，有贞观和长寿两种刻本。贞观本内容保存较全，用其与此刻经比对，发现 24 处有差异。

四川安岳卧佛院摩崖刻经中有此经，经比对，有 21 处有差异。

敦煌写本中有此经，现存国家图书馆，经比对，有 32 处差异。

乡宁马壁峪秦王庙唐《佛说出家功德经》刻经与房山石经、安岳卧佛院刻经、敦煌写本中的《佛说出家功德经》，虽有一些文字差异，但多为同音字或异体字，基本内容相同，应均来自唐代的通行版本。马壁峪秦王庙唐《佛说出家功德经》刻经在现存唐代版本中，为显庆本，时代较早，保存较好，对此经的版本研究，具有一定价值。

2. 摩崖刻经活动的参与者

经文之后的题记和题名为我们提供了唐代该地区佛教信仰和民间社会的一些情况。

此次刻经为附近僧俗联合祈福活动的组成部分，题名中有僧人玄最和众多佛教信徒。刻经紧邻造像，造像与刻经活动可能时代相近，很可能是同期完成的。只是摩崖造像被毁严重，历史信息损失殆尽。

刻经题名中有多个佛事活动中的名号，可见是一次组织较严密的佛事活动。

发心主、副发心主

发心主段元庆和副发心主马文才应是发愿刻经活动的发起和首要人物，故有此名号。

发心造经主（造观世音经、佛说出家功德经）

发心雕两部佛经的是发心造观世音经主段顺及妻王氏、马文才妻戴氏，他们刻经的目的是为活着和故去的家人祈福。马文才与妻戴氏都是佛教信徒，他们是刻经活动的主要参与者。

戴氏是为故去的父母和活着的家人造《佛说出家功德经》。

助经主　发心助写经　愿成主　化主

题名中出现的助经主、发心助经、愿成主、化主等都是刻经活动捐资者的名号。

他们参与这次刻经活动，并愿意出资，题名中有祈福需求的表达，主要是为逝去的亲人祈福。

薛大奴的祈福内容尤其值得注意："为一切东行人平安"，颇有普度众生之义。这一内容反映了当时的交通发展情况，说明当时吕梁腹地与汾河下游谷地之间的马壁峪古道上确实是行旅不绝的。

府兵军官和勋官

仪同王苟生

仪同即仪同三司，本为北周府兵制时的基本统兵军官名，领兵千人。隋唐时期府兵制度多次改革。隋初，车骑将军、仪同三司为府兵军府中的副主官名号，是主官骠骑将军的副手，为正五品。隋炀帝时期，仪同改为鹰扬副郎将。唐代为酬劳将士军功，设荣誉军衔，对应官品；高宗咸亨五年（674年），调整勋名和勋官名号，仪同为散实官名，从五品；类比勋官为骑都尉，为第八等，亦为从五品[1]，说明此次刻经时间更早于咸亨五年诏令。王苟生拥有仪同号，应是获得过军功的军府军官。

录事张德林

录事本为开府等高官下属官员，东晋以来历代军政机构中多有此职。唐代不同机构属官的录事官品为正七品、从七品。府兵军府中文职官员首为长史，下也有录事（主簿）。

队正张神兴

队正，府兵制军官名。隋称都督，正七品。隋炀帝后改为队正，唐代沿用。队正领兵50名，是隋唐军府中的军官。此张神兴即为某军府中的基层军官。

骁骑尉杜智德

唐初为安抚褒奖常年作战的军士，修订勋官等级为十二等，以酬勋劳，其中第九等为骁骑尉。杜智德即是因军功而得到此勋官号的军人。

隋初府兵改制后，兵户均入所在地户籍，唐代亦然。马壁峪地处吕梁山南部，临近汾河下游谷地，唐代应属绛州范围。据考证绛州地区军府有36个，题名中的仪同王苟生、录事张德林、队正张神兴、骁骑尉杜智德等人或即来自附近的军府，如高凉府、皮氏府等。[2]

近年来，我在山西考察发现，隋唐佛教活动中，府兵军人非常活跃，常常是活动的重要发起者和参与者，如隋初，阳曲洛阴修寺碑是洛阴府军人和地方官员集资修缮佛寺的记载、文水隐堂洞石窟是附近军府军人和家属集资开凿、天龙山第八窟的功德主群体也多有军府军人。

马壁峪秦王庙刻经的功德主中，府兵军人依然是重要群体，这不是偶然的，体现了北朝后期以来，府兵与佛事活动密切关系的历史延续性。

隋至唐中期，佛教是稳定国家的精神力量，军事则是维持威权的工具。府兵军人是国家强盛的重要支柱，社会地位较高，具有足够的物质基础。他们积极参与佛教事业，是统治者大力推动和引领的大政方针。马壁峪刻经活动参与者多有军府军人，亦是当时社会的普遍现象。

---

[1] 熊伟《唐代本阶官位的形成与勋官地位的演革》，《郑州大学学报（哲学社会科学版）（2014年第5期。《旧唐书》卷42《职官志一》，中华书局1975年版，第1784页、第1808页。

[2] 张沛《唐折冲府汇考》，三秦出版社2003年版，第160页、161页。

书经人薛弘嗣

镌经人李君刚

助镌人李君意

早期摩崖石刻铭文作者大多失载。此刻经保存书经人、镌刻人及助镌人名字，显得非常珍贵。书者为薛弘嗣。薛为中古河东大姓，祖居地为汾河下游万荣一带，其家族分支在晋南多见。薛弘嗣此人或出自河东薛氏。

镌经人李君刚与助镌人李君意应为同族兄弟，是镌刻经文的具体施工者。

现存刻经字体规矩而舒展，字口刀锋深入、果断。因书者和镌者的高水平，此摩崖刻经也是盛唐书法的珍贵实物见证。

刻经得到佛教信徒的积极响应，他们有不同名号，有比较细化的分工，其中有发起组织者，有捐资者等多方力量，信徒中不乏军府军人。题名中还罕见保存了书经人和刻工的名字。

从残存痕迹看，摩崖造像和刻经应为同期开凿，是当时地方一次比较隆重的佛教活动。遗憾的是，造像功德主和其他题名者的情况已难以考证。

乡宁马壁峪秦王庙摩崖刻经历1362年，至今保存相对完好，经初步释读和分析，可以视为珍贵的唐代石经实物，有助于佛教文献和唐史、地方史等方面的研究。

后　记

2019年秋，笔者在考察秦王庙摩崖前，向未曾谋面的乡宁地方文史学者阎玉宁先生请教摩崖情况，并约定现场考察。不料在动身前数日，先生意外驾鹤西去，不胜惋痛唏嘘，此文聊作对阎先生的纪念。

感谢罗炤先生对考察马壁峪摩崖刻经的关注和对本文的指点。

附：秦王庙摩崖刻经拓片

为方便读者对照识读，附图将摩崖刻经拓片仿照九宫格样式、按照上中下和右中左的顺序分为九个图片，并标注行序以便辨识，题名文字过于复杂不标行序。各图上下左右边缘重复一字/行，以免缺漏。九图顺序为：上右、中右、下右、上中、中中、下中、上左、中左、下左，图序标注在右上角。

（作者为山西金石研究院研究员）

17 16 15 14 13 12 11 10 9 8 7 6 5 4 3 2 1 上右

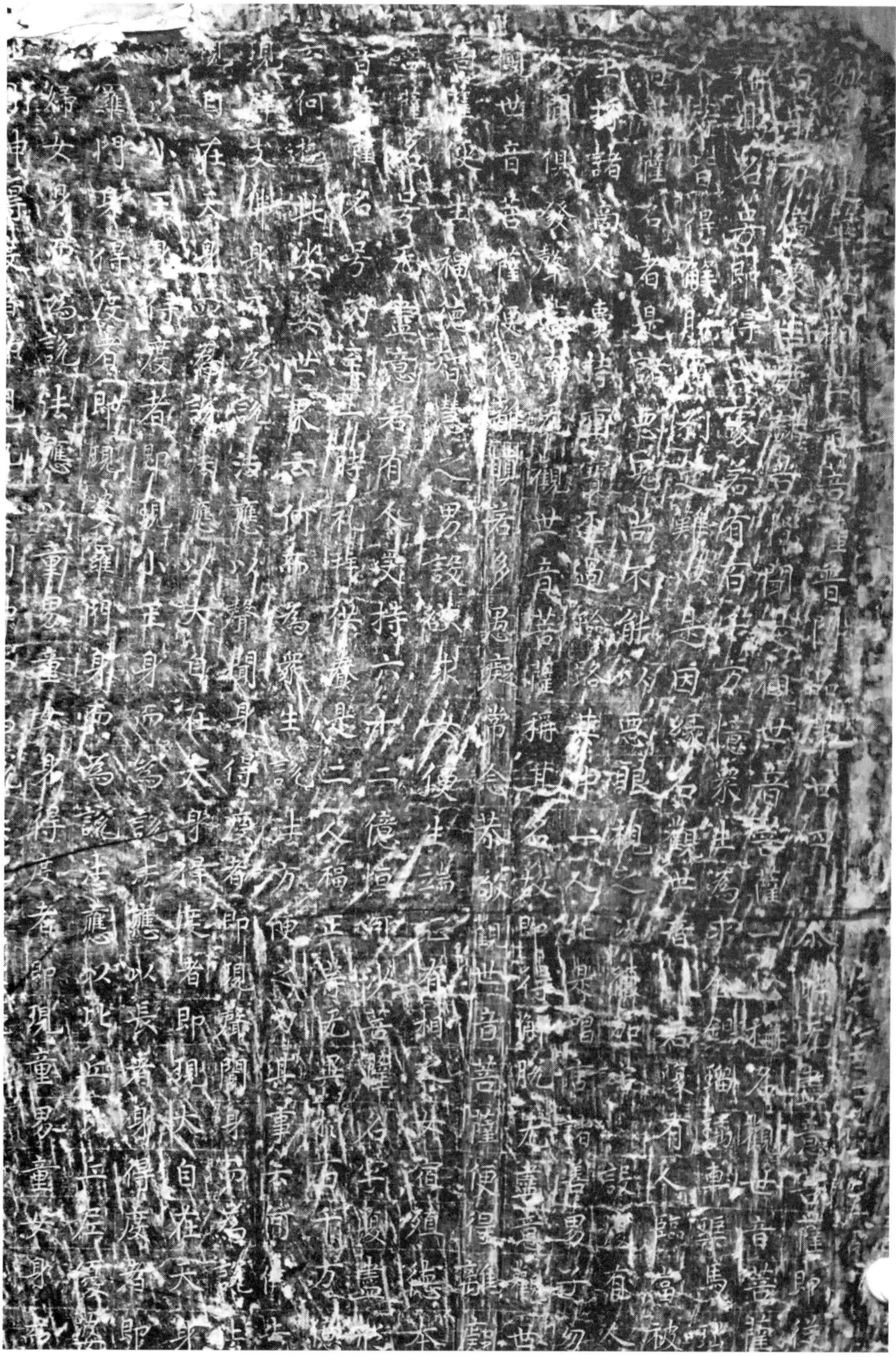

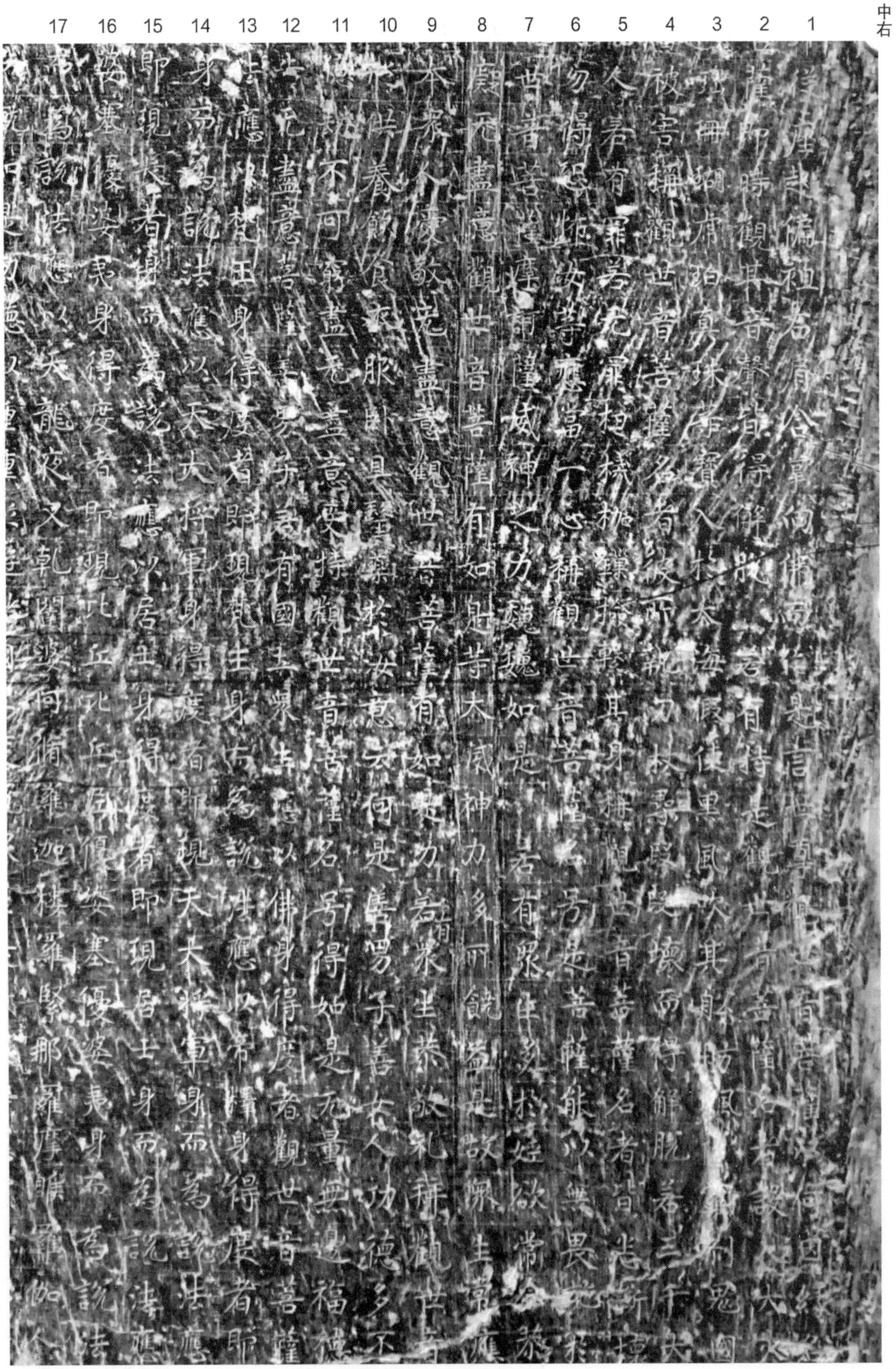
17 16 15 14 13 12 11 10 9 8 7 6 5 4 3 2 1
中右

乡宁马壁峪秦王庙唐摩崖刻经考

乡宁马壁峪秦王庙唐摩崖刻经考

34 33 32 31 30 29 28 27 26 25 24 23 22 21 20 19 18 下中

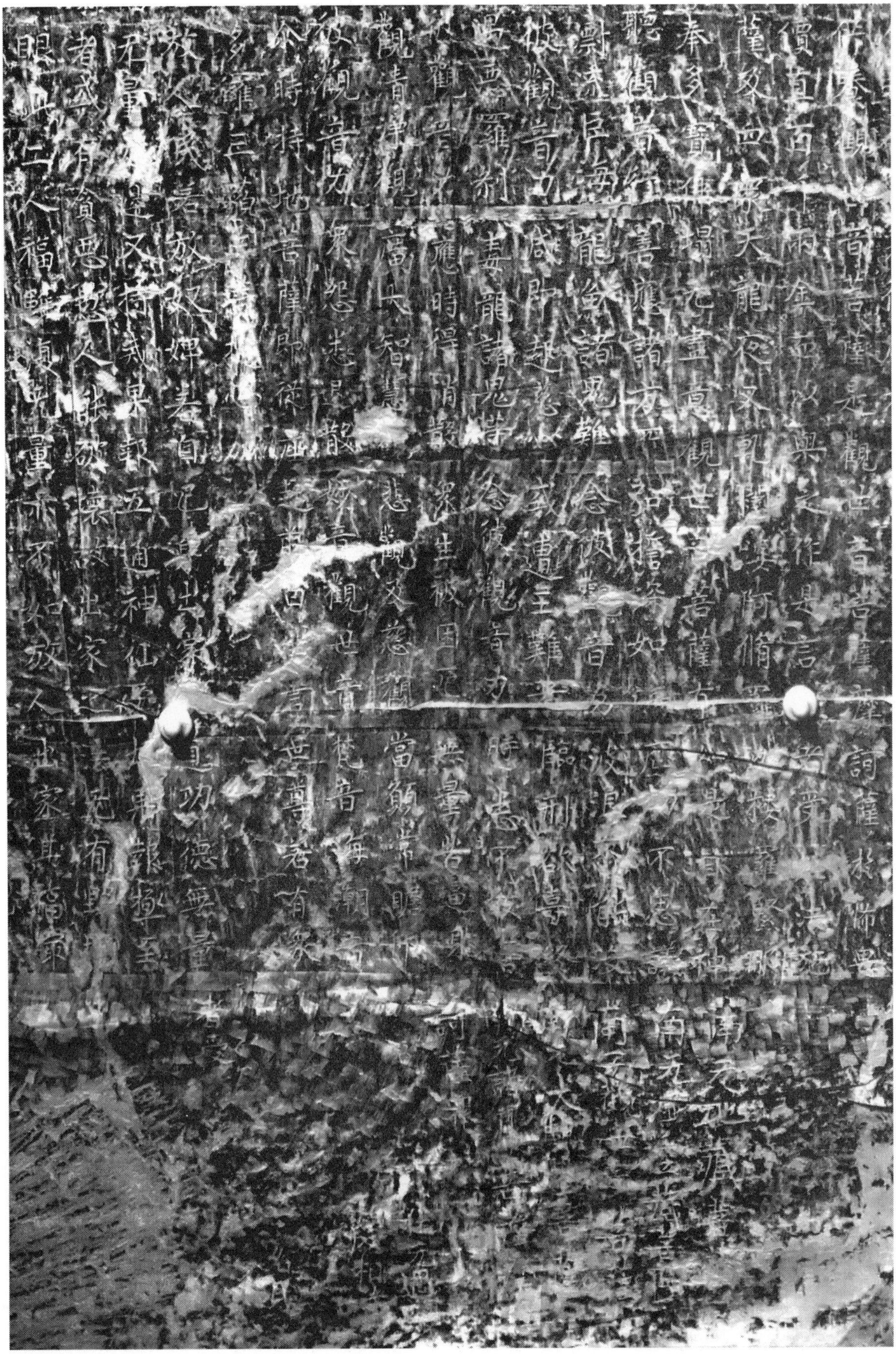

乡宁马壁峪秦王庙唐摩崖刻经考

　　　　　　　　　　42 41 40 39 38 37 36 35　上左

中有敗壞故人出親善白世家展轉示道一切眾生永劫無明…
…世間…其推息…是本時…典福業是故佛說出家功德無量…
…功德…供養尊…策垢…人說…大地…佛說…
…遺說淨戒之地…福家…為月視世…流結…有…
城而去故發心出家若有切…福家勝一切大眾…
祀而去顯慶六年二月十五日為亡父妻戴為七父母及現在…
…敬造觀世音菩薩玉石及經供養…
…男女熟妻杜子信…
…父朋敬合門…
…助…佳戴嘉…

下左 35 36 37 38 39 40 41 42 題名

房山云居寺赵孟𫖯题刻残石考略

魏 来

摘 要 房山云居寺于1987年出土27块赵孟𫖯书迹碑刻残石，书迹符合传世赵孟𫖯书法作品风格，刻石拓片内容与赵孟𫖯《松雪斋集》卷五所收八首诗作对应，其中六首属画作题识诗，与李衎、高克恭的画作有明确关系。赵孟𫖯同临济宗僧人关系密切，元代云居寺为临济正宗海云一系住持寺院，题诗刻石出现在云居寺似与此有关。赵孟𫖯题跋、诗文可能作于元至元二十八年（1291年）之际，后应王月友或其子索求集旧作而誊书一卷，誊录底稿可能遗留云居寺。延祐二年（1315年）明里董阿造访云居寺后奏请元仁宗恩赐大藏经，似在此之际赵孟𫖯题诗书法得以摹勒上石。后经朝代更迭、战乱动荡，终遭毁弃。

关键词 赵孟𫖯 题名残石 《松雪斋集》 云居寺 临济宗

北京市西南的房山云居寺在1987年曾出土二十余块赵孟𫖯题刻残石，是重要的石刻文物。在2016年房山云居寺举办的"'房山石经·云居宝藏'珍贵文物展"中公开展出了两块书刻残石——"赵孟𫖯残石"，其中一残石上清晰可辨"赵孟𫖯"题名，笔者暂称其为"赵孟𫖯题名书刻残石"（本文简称"刻石"）。本文首先依据现有公开资料梳理刻石的基本情况，之后再对刻石的文字内容和出处进行考辨，进而结合部分文献探讨与刻石有关的历史问题。

一、云居寺赵孟𫖯题名书刻残石概况

刻石是在1987年8月15日清理云居寺行宫院遗址时发现的。参与清理者田福月先生所撰《赵孟𫖯与云居寺》一文记载，共发现27块残刻石（32个编号），均有行书体笔划字迹，大块残石10×10厘米，小块残石约6×6厘米；刻石的内容已被发现者整理公布①，刻石编号与录文内容对照表如下页表1－1所示。

除田福月先生的文章和云居寺内展览以外，关于此题刻较全面的拓片资料公布于中国国家图书馆"碑帖菁华"网站，馆藏编号为"北京10522 北京10522"。兹将国家图书馆藏拓片结合上文田氏"编号与录文"，整理并照录于此。

---

① "赵孟𫖯题名书刻残石"出土情况及27块残石内容均引自田福月撰《赵孟𫖯与云居寺》（田福月.云居寺春秋.上册〔M〕.北京：北京市房山区文化文物局出版，1994：50—52）；另据北京市地方志编纂委员会编著的《北京志·云居寺志·大事记》（〔M〕.北京：北京出版社，2017：16）记载，27块残刻石的发现时间为1987年11月15日。

表 1-1　赵孟頫题名书刻残石之编号与录文[①]

编号	录字	编号	录字
01	赵孟頫浅	07	来清时
02	太白酒	0143	晖
03	李仲实	086	湖清
04	致画	087	路松下
0137	又题仲实竹	0143(1)	月吐光
0135	来清风	0143(2)	竹
063	时	011(1)	烟雾
0131	绝句如	011(2)	渡时於园
0144	客睡不着	032	片左
066	又题	0141(1)	幽花持
0147	辛自足	0141(2)	蛱蝶相
074	客吟水	0110	何处稳山
0133	秋菜[②]	0149(1)	至孤山
06	漪扁舟时	0149(2)	见先生高
062	抗	0149(3)	上图留与人看
0109	绿苔生	08	等金

国家图书馆公布的赵孟頫题刻拓片资料，命名为"石经山诗刻"，注明"刻立地：北京市房山区石经山"；"刻立地"应根据发现者记录和云居寺管理处馆藏文物信息，更正为"房山云居寺行宫院遗址出土"。公布拓片数量为 21 张，缀合后成 13 张，01、04、0131、066、0147、0149(1)、0149(2)、0149(3) 的拓片缀合成一张（图1-1），0135、0137 的拓片缀合成一张（图1-4）。笔者结合发现者公布录文，再辨识拓片题刻书法，二者基本可以互相对应。国家图书馆公布的 21 张拓片中，有两张拓片只残留极少的笔划难以辨识（图1-20）。国家图书馆拓片年代信息注明为"元（1271—1368）"；拓片的责任者即书写者，馆方注明"〔元〕赵孟頫，李仲宾〔等〕撰并行书"[③]，则与田福月的记录存在出入，03、0137 的录文是"李仲实"、"仲实"。究竟是"仲宾"还是"仲实"，残石题刻的书写者是赵孟頫一人还是如国家图书馆公布的"责任者"为多人，这些出入之处需作辨析。

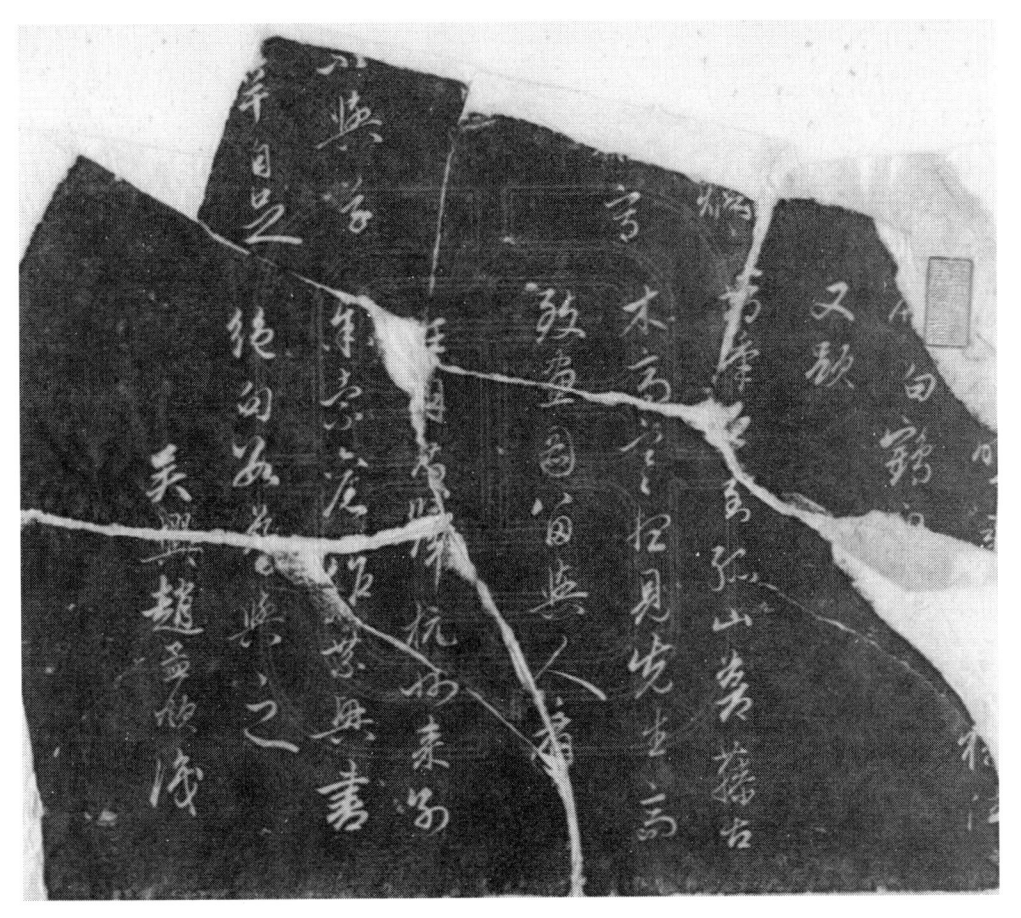

图 1-1　缀合拓片：01 赵孟頫浅、04 致画、0131 绝句如、066 又题、0147 辛自足、0149(1) 至孤山、0149(2) 见先生高、0149(3) 上图留与人看

---

① 表格采纳田福月先生《赵孟頫与云居寺》中的原编号及录字顺序。

② 发现者注：模糊。（图1-7注文同此，省略。）

③ 中国国家图书馆-碑帖菁华网站。

图1-2 02太白酒

图1-3 03李仲实 　　图1-4 缀合拓片：0135来清风　0137又题仲实竹

图1-5 0144客睡不着 　图1-6 074客吟水 　　图1-11 0143晖 　图1-12 086湖清

图1-7 0133秋菜 　图1-8 06漪扁舟时 　　图1-13 087路松下 　图1-14 0143(1)月吐光
0143(2)竹

图1-9 0109绿苔生 　图1-10 07来清时 　　图1-15 011(1)烟雾　图1-16 0141(1)幽花持
011(2)渡时於园　　0141(2)蛱蝶相

图1-17 0110 何处稳山　　图1-19 063 时

图1-18 08 等金

图1-20 残留笔划难以辨识的两幅刻石拓片

以下，笔者将根据表1-1和目前可见拓片资料，从考辨刻石录文的文本来源及历史背景两方面做探究。

---

① 田福月.云居寺春秋.上册〔M〕.1994：50.
② 同上。
③ 类似情况也出现在20世纪50年代北京通州拆除旧城墙时。当时在城墙中出土许多残散石刻文物，

二、赵孟頫题名书刻残石的鉴别与内容出处考辨

云居寺出土的27块残石是"清理行宫院的渣土时连续发现"①，发现者分析刻石残碎多块的原因有两种可能，一是在云居寺毁于日寇战火时被炸毁烧碎；二是由于未见元代以后的相关史籍记录该碑，在清代兴建寺院殿堂时被"垫了基础或砌在墙内"②。笔者倾向于第二种③。清代金石学大兴，有众多文人墨客至云居寺访碑游寺，记载甚详的如查礼《游莎题上方二山日札》、石景芬《石经山访碑记》均未提及赵孟頫题名刻石。至1934年，日本东方文化学院组织塚本善隆、长广敏雄等考察云居寺后，在次年出版的《东方学报》第五册副刊《房山云居寺研究》专号中有《云居寺碑目》一节，亦未录此刻石，因此也排除清代人依赵孟頫书法镌碑的可能性。

云居寺的"赵孟頫残石"展板上介绍说："经鉴定，确认是赵孟頫撰书的碑刻。"文物展柜的说明牌标注年代为"元代"，与国家图书馆所公布拓片的年代判定信息一致。

展厅陈列的两块刻石，其中之一即01刻石（图2-1-1、图2-1-2；下文均以表1-1石刻编号数字简称），其上刻赵孟頫题名。笔者查看部分赵孟頫传世书法作品，如北京故宫藏赵孟頫楷书《续千字文卷》（图2-2）、真草书《二体千字文册》（图2-3）、行书《国宾山长帖卷》（图2-4），以及台北故宫藏赵孟頫行书《两书帖》《还山帖》

据单庆麟先生记录，其中不仅有残经幢，还有断散的"赵孟頫书丹的蓟国公神道碑"等。单庆麟先生根据"通州旧城，系建于洪武元年（公元1368年）"，继而判断其重点研究的残经幢"必为当时建城时埋入无疑"，因此包括当时城墙内发现的赵孟頫书丹神道碑残石也应在此时埋入城墙内作填充材料之用。参见单庆麟.通州新出土佛顶尊胜陀罗尼幢之研究〔J〕.考古学报，1957：4.

《丹药帖》册页，观察其中的"赵孟頫"落款署名，与云居寺刻石上的字体风格一致。书写习惯上，多数的赵氏传世行书作品落款处"赵"字较大，"孟頫"二字稍小，云居寺刻石题名符合这样的特点。

图 2-1-1　01 刻石

图 2-1-2　01 刻石拓片照片

图 2-2　　　图 2-3　　　图 2-4
《续千字文卷》　《二体千字文册》　《国宾山长帖卷》
题名处　　　题名处　　　题名处①

图 2-5　　　　图 2-6
《赤壁二赋》　《赵孟頫书法字典》
中"識"字②　　中"識"字③

进一步查看 01 刻石，在"赵孟頫"三字之上还可辨半字（图 2-1-1、图 2-1-2），类似"舆""興"的下半部分，因赵孟頫是湖州吴兴人，故在落款时多会题署"吴興赵孟頫"（图 2-3），结合图 1-1 缀合拓片可确认为"吴興"。按书画常识，署名后多为"某某书""某某题"，不太可能有"某某浅"的落款格式，所以"興赵孟頫"之后的那一字需再作辨识。该字属于行草体，字左部首似"三点水"，又似简体"讠"，简体"言字旁"古已有之，赵孟頫书作中也出现过简化的"讠"部，如辽宁博物馆藏赵孟頫书《心经》册页中的"说""谛"等字。落款的题跋又称题识，即"某某识"也是惯用格式，笔者辨认此字与"識"更接近。今藏于台北故宫博物院的赵孟頫书《赤壁二赋》中的"江山不可复識矣"的"識"字（图 2-5），及湖北美术出版社编《赵孟頫书法字典》中所收六个"識"字中的第三至六字（图 2-6），与云居寺刻石上的字体一致。所

---

① 以上 3 图均采自故宫博物院网站。

② 台北故宫博物院藏。

③ 赵孟頫书法字典〔M〕．武汉：湖北美术出版社，2006：175．

以，01的题名部分，应为"吴兴赵孟頫识"。通览图1-1缀合拓片，赵孟頫的落款应居于原石的左下方，其左部、上部留白处较多。01残石下端较为平整，似是刻石的底端。

表1-1录文中出现两次"仲实"，分别为03"李仲实"，0137"又题仲实竹"，国家图书馆判定残石题刻责任者分别为"赵孟頫"和"李仲宾"两人。因27块残石是一同清理出土，可能原属同一方碑刻。"李仲实"和"李仲宾"，似可判断为同一人。那么，李仲实（宾）是何人？"又题仲实（宾）竹"表明此人有绘竹作品；出现在此刻石上，与赵孟頫应有往来。查阅赵孟頫生前辑成、身后刊刻的《松雪斋集》，未发现题识"李仲实"的相关内容，但有一首题识诗——《题李仲宾野竹图》，诗前序中云"吾友李仲宾为此君写真，……二百年来以画竹称者皆未必能用意精深如仲宾也"。赵孟頫称李仲宾为"吾友"，又对其画竹评价如此高，由此可认定"李仲实"应为"李仲宾"，因为汉字繁体的"賓"与"實"极为相近，发现者误将"賓"辨为"實"。李仲宾即元代著名画家李衎，"仲宾"是表字，以画竹著称，著《竹谱详录》。刻石中出现了"竹"，与李仲宾情况相符。元代以善画竹闻名且结识赵孟頫的只"李仲宾"一人。元人有诗赞称二人"今代画竹称妙绝，李公息斋赵松雪"①。李、赵是好友，赵孟頫在李仲宾画作上题识是十分自然的事。又因李仲宾乃"蓟丘人"②且"世为燕人"③，从时人诗中"数茎白发笼乌纱，学佛未肯披袈裟"④可知李衎有佛教信仰，其名出现在云居寺亦符合情理。

笔者继续查考，试在《松雪斋集》中找到录文其他线索。云居寺展出的另一块残石0135（图2-7），字体与01残石一致，其上刻有两列字，可辨内容是"（'夕'字底）木同□""來清風"，在《松雪斋集》卷五有《题仲宾竹》一诗⑤，诗题与0137录文"又题仲宾竹"相对应。全诗为："幽人夜不眠，月吐窗炯炯。起寻管城公，奮髯写清影。此君有高節，不與草木同。蕭蕭三兩竿，自足來清風。"⑥其中"不與草木同"

图2-7 0135刻石

"自足來清風"句，与残石0135的可辨残句"木同""來清風"一致。再看残石0135"木"字上一字为"夕"字底，与"不與草木同"的"草"字不能对应，结合图1-1缀合拓片，原石书刻时

① 题洪元质《墨竹》（出自《林登州集》卷二）〔G〕//陈高华.元代画家史料（增补本）〔M〕.北京：中国书店，2015：164；李衎号息斋道人，赵孟頫号松雪道人。

② 图绘宝鉴.卷五.李衎〔G〕//陈高华.元代画家史料（增补本）〔M〕，2015：147.

③ 故集贤大学士光禄大夫李文简公神道碑〔G〕//陈高华.元代画家史料（增补本）〔M〕.北京：中国书店，2015：146.

④ 奉赠李仲宾侍郎〔G〕//陈高华.元代画家史料（增补本）〔M〕，2015：148.

⑤ 〔元〕赵孟頫.松雪斋集（一）钦定四库全书影印本〔M〕，北京：中国书店，2018：230.又参考任道斌辑集、点校.赵孟頫文集〔M〕.上海：上海书画出版社，2010.

⑥ 松雪斋集（一）.卷五.页一七〔M〕.2018：230—231.

应分为上下两栏,"夕"字底应为上栏内容。

0143(1)(2)拓片从右至左可辨为"竹""月吐光""奮髯( )","竹"字可能对应诗题"题仲賓竹","月吐光"是否对应"月吐窗炯炯"一句?笔者考虑,《松雪斋集》辑集时经作者或后人修订过,"月吐光炯炯"诗意仍达,"奮髯"对应原诗第四句。0137 拓片从右至左可见"人夜""尋管城公""清影""又题仲賓竹""此君有高節",与0135 缀合后(图1-4),接"木同,蕭蕭""來清風",可成《题仲宾竹》后四句。至此,可知此诗在书刻时被分为两部分,前四句为《题仲宾竹》,后四句为《又题仲宾竹》。同时,结合国家图书馆公布的21张拓片,书法风格较为一致,在残石发现之初曾请书法家鉴定符合"赵体"书风①,而拓片录文与赵氏文集中的相关诗作能够相对应,进而确认刻石书迹是赵孟頫所书。

0147 录文"辛自足",似与"自足來清風"句对应,观察图1-1缀合拓片的左上部即为0147内容,"自足"二字保存完好,其上的字虽残损但仍可辨识为竹字头加"干"——即"竿"字,0147录文当为"竿自足",便与"蕭蕭三兩竿,自足來清風"相对应;0147拓片"竿自足"右侧还残存一列字,辨认后当为半个"不"字、"與草",即为"不與草木同"中的三字;可知0147拓片亦为《题仲宾竹》后四句即《又题仲宾竹》中相关内容。观察图1-1缀合拓片,可发现0147拓片"竿自足"三字与缀合的下栏文字不在一列,再结合上文辨析可判断图1-1的拓片缀合有误,其中的0147拓片应该缀合在图1-4缀合拓片的左下方。

0109、07、087号录文分别是"绿苔生""来清时""路松下",0109拓片右侧还有"暑氣曉""鶯還"字可辨,正好对应赵孟頫《晓起闻莺》"暑氣曉來清,時時聞遠鶯。還思故園路,松下綠苔生"②全诗的多字。

02"太白酒"三字令人联想到李白饮酒的典故,《松雪斋集》中有一诗题出现此三字:《题太白酒船圖》③,02拓片"太白酒"下面可辨残留的"船"字上半部。拓片左侧"載酒"二字,与该诗首句"載酒向何處"吻合。0110 录文"何处稳山",细辨拓片"稳山"当为"稽山",拓片的右上部可见"船"字下半部,两残石内容包括诗题和前两句"載酒向何處,稽山鏡水邊"。02拓片的诗题、"載酒"之上还见二字,亦可证原石分上下两栏书刻。

0141(1)(2)录文为"幽花持""蛺蝶相",与赵孟頫《题萱草蛺蝶图》"叢竹無端綠,幽花特地妍。飛來雙蛺蝶,相對意悠然"词句相合。录文"幽花持"与"幽花特地妍"有出入,从拓片看,此字字形与"特"和"持"都相近,书法中"特"字"牜"偏旁多有下部出钩写法,与"持"字提手旁极像,参考诗句文意,当为"特"字。0133 录文为"秋菜",发现者附注此刻石"模糊",笔者查看0133拓片发现此石确实斑驳模糊,但有的字迹仍可辨识。拓片左侧还有三行字迹,依次可辨为"端""飛""悠然",而所谓"秋菜",实与0141(2)拓片中的"蛺蝶"更相近,由此认定此石也是《题萱草蛺蝶图》刻石的一部分,右侧的"蛺蝶"为诗题处。

0144 录文为"客睡不着",《松雪斋集》中题为《独夜》的诗中,有"孤客睡不著"④句与之对应,拓片左上部可辨"更多"字,应是对应尾句"亂蛩鳴更多"。

赵孟頫《题彦敬越山图》"越山隔涛江,风起不可渡。時於圖中看,居然在煙霧"⑤,与011(1)、011(2)录文"烟雾"、"渡时於园"相对应,辨识

---

① 田福月.云居寺春秋.上册〔M〕.1994:50.
② 松雪斋集(一).卷五.页一七〔M〕. 2018:231.
③ 松雪斋集(一).卷五.页一一〔M〕. 2018:218.
④ 松雪斋集(一).卷五.页一一〔M〕. 2018:219.
⑤ 松雪斋集(一).卷五.页一一〔M〕. 2018:218.

拓片（图1-15），"時於"下面的字与0149（3）拓片上"圖"字写法基本一致，应为"圖"，拓片右侧还可见"越山隔"字或残存笔划。石刻录文虽只显示诗的内容，但诗题又引出另一人——彦敬。

彦敬即元代著名画家、诗人高克恭的表字，其先祖为西域人，自父辈起居大都。高克恭与房山有深厚渊源，其父是"归老房山"①，其自号为"房山"，世称"高房山"，晚年居址及墓地均在房山羊头岗②，也可以说高克恭是大都房山人。赵孟頫与高克恭交谊存证较多，除《松雪斋集》所收诗作外，今北京故宫收藏一幅高克恭绘《墨竹坡石图》（图2-8），上有赵孟頫题诗云："高侯落筆有生意，玉立兩竿煙雨中。天下幾人能解此，蕭蕭寒碧起秋風。子昂題。"李仲宾亦为高克恭的友人，元人王逢撰《梧溪集》卷五载高克恭自题墨竹图云："子昂写竹，神而不似；仲宾写竹，似而不神，其神而似者，吾之两此君也。"③ 由此可知，高赵李三人互相结为友人，似在平日绘画活动中常以"写竹"会友。

高克恭除善画竹，也长于绘山水，传世画作有台北故宫藏《云横秀岭图》、上海博物馆藏《春山欲雨图》等。在《松雪斋集》卷五中收一诗《题秋山行旅图》，诗云："老樹葉似雨，浮嵐翠欲流。西風驢背客，吟斷野橋秋。"④ 074的录文"客吟水"，恰与此诗三句尾字"客"、四句首字"吟"相同，看拓片（图1-6），"客"字上有"背"的下半部，"水"字似属于下栏内容，074刻石内容正合此诗。李衎以擅画竹著称，而高克恭作为"元代最老的一位主要山水画家"⑤，赵孟頫所题的"秋山行旅图"可能为高克恭所作。

录文06为"漪扁舟时"，0149（1）"至孤山"，0149（3）"上图留与人看"，0149（2）有"见先生高"，其中0149（1）出现"孤山"二字，《松雪斋集》卷五收题为"《题孤山放鹤图》"的诗作。诗曰：

西湖清且漣漪，扁舟時蕩晴暉。處處青山獨往，翩翩白鶴迎歸。昔年曾到孤

图2-8 〔元〕高克恭作、赵孟頫题跋《墨竹坡石图》轴⑥

山，蒼藤古木高寒。想見先生風致，畫圖留與人看。⑦

---

① 《故太中大夫刑部尚书高公行状》，出自邓文原《巴西文集》，此据陈高华. 元代画家史料（增补本）〔M〕. 2015：3.

② 杨亦武. 羊头岗高克恭隐居处〔G〕//杨亦武. 房山历史文物研究〔M〕. 北京：奥林匹克出版社，1999：323—324.

③ 高尚书墨竹为何生性题〔G〕//陈高华. 元代画家史料（增补本）〔M〕. 2015：25.

④ 松雪斋集（一）. 卷五. 页十〔M〕. 2018：217—216.

⑤ 〔美〕高居翰（James. Cahill）. 图说中国绘画史〔M〕. 北京：三联书店，2014：119.

⑥ 北京故宫博物院藏，图片来自其网站。

⑦ 松雪斋集（一）. 卷五. 页一八〔M〕. 2018：32.

观察拓片，06 为"潋漪扁舟时"，086 拓片不仅可见"湖清"，其右行存"放鹤"二字，下残字为"图"字上半部。图 1-1 缀合拓片可见"白鹤""又题""昔年□至孤山，苍藤古木高寒。想见先生高致，画图留与人看"。由此可知，刻石与《题孤山放鹤图》内容基本相符。该诗在书刻时被分为两部分，前四句为"题孤山放鹤图"，后四句为"又题孤山放鹤图"。刻石中的个别字与《松雪斋集》中有出入。根据石刻拓片并结合《松雪斋集》中此诗录文，云居寺题刻版录文如下（带下圆点的文字表示拓片中不见或残损难辨）：

题孤山放鹤图

西湖清且潋漪，扁舟时荡晴晖。处处青山独往，翩翩白鹤迎归。

又题

昔年曾至孤山，苍藤古木高寒。想见先生高致，画图留与人看。

此录文与《松雪斋集》所收诗文出入之处有二："至孤山"和"到孤山"，"高致"和"风致"，均不影响诗意。拓片上题字为赵孟頫书写，应为原作，作者晚年辑录文集时可能有修订，亦或后世录文刻印之误。

兹将以上考订总结如表 2-1。

由上所考，房山云居寺 1987 年发现的 27 块残石共 32 个编号中有 24 个编号录文可判定为赵孟頫诗作，其余残石如 01、0131、062 等，均有符合赵孟頫书法风格的题名及其他文字，且因 27 块残石为连续发现，可以认定全部残石上所镌书迹为赵孟頫书作。已考订出的八首诗中有六首属画作题识诗，其中至少两首是赵孟頫分别为李仲宾（李衎）和高克恭的画作所作，所以李仲宾不是 27 块书刻残石的作者之一，进而也回答了发现者提出的"李仲实当时是何等人物"①的问题。

从拓片书写迹象和云居寺展出的两块刻石形制来看，原石的壁面较大，石壁较厚，分为上下两栏勒石，逐一誊刻赵孟頫题跋和诗作的书迹。②

表 2-1　赵孟頫题名书刻残石相关内容考订

刻石录文及拓片编号	考订出处	文献来源
0137、0135、0143(1)、0143(2)、0147	《题仲宾竹》	《松雪斋集》卷五
0109、07、087	《晓起闻莺》	《松雪斋集》卷五
02、0110	《题太白酒船图》	《松雪斋集》卷五
0141(1)、0141(2)、0133	《题萱草蛱蝶图》	《松雪斋集》卷五
0144	《独夜》	《松雪斋集》卷五
011(1)、011(2)	《题彦敬越山图》	《松雪斋集》卷五
074	《题秋山行旅图》	《松雪斋集》卷五
04、06、066、086、0149(1)、0149(2)、0149(3)	《题孤山放鹤图》	《松雪斋集》卷五

三、赵孟頫与房山云居寺的关系之探讨

由前文所考得知，27 块残石为赵孟頫的题诗书迹。如此多的诗作镌刻在寺院的石壁（碑）之上，乃蔚为大观之景。前文已言清代人并不知晓此刻石，那么刻石是否为元代原刻？虽从诗作内容上看与云居寺关系不大，但与房山人高克恭有关，况赵孟頫与佛教渊源很深且其传世书法中也存写经作品，又事关元朝时期云居寺的史实，故值得探究。

---

① 田福月. 云居寺春秋. 上册〔M〕. 1994：52.

② 云居寺出土的赵孟頫题刻，在石刻文物分类上属于石刻帖类，具有广义上的碑帖性质（关于"碑帖"相关概念参见秦公. 秦说碑帖〔M〕. 北京：中国青年出版社，1997：109—112）。但因出土残石原初情况难以探明，本文仍暂称"碑刻"或"刻石"。

刻石中的诗肯定完成于元至治二年（1322年）赵孟頫去世①之前，有诗涉及高克恭，故应在至元二十四年（1287年）赵孟頫初至大都之后。虽然在赴大都前赵孟頫已结识李衎，但李衎一生大部分时间在江南为官，元延祐七年（1320年）去世于淮扬，后葬于江都②。高克恭卒于元至大三年（1310年）九月③，是年，赵孟頫在江浙任上被"召至京师，以翰林侍读学士与他学士撰定祀南郊祝文及拟进殿名"④，但赵孟頫致中峰和尚的信中说："孟頫去岁九月离吴兴，十月十九日到大都，蒙恩除翰林侍读学士。"⑤可知高克恭逝世时赵孟頫还未至大都。因此，云居寺发现的题诗应作于至大三年（1310年）之前。

现据《大元故翰林学士承旨荣禄大夫知制诰兼修国史赵公行状》（简称《赵公行状》）、《故太中大夫刑部尚书高公行状》（简称《高公行状》）、《故集贤大学士光禄大夫李文简公神道碑》（简称《李公行状》）及《元史》等⑥，并参考今人辑《赵孟頫艺术纪年表》⑦（简称《纪年表》）、《钱选、高克恭年表简编》⑧（简称《年表简编》）等成果，择录赵孟頫、高克恭、李衎在至元二十四年（1287年）到至大三年（1310年）之间事迹，列于表3-1（见下页），以资参照。

表3-1大致勾划出三人在这二十四年间的经历，可知李衎自元贞二年（1296年）至高克恭病故时主要活动于南方；高克恭在赵孟頫初入大都三年后即1290年还京，至元二十八年（1291年）以后再派江浙为官，大德三年（1299年）复召回京，同年赵孟頫南下任江浙等处儒学提举。从上表可见，唯有至元二十八年（1291年）较为明确显示三人同在大都。高克恭在该年虽授任江淮行省左右司郎中，但《行状》记载是在桑哥七月伏诛后朝议中决定的，至元二十八年（1291年）上半年他还在大都。

云居寺残石上的赵孟頫题诗，原应题书在高克恭、李衎的山水、墨竹画作上，属于题跋作品，有可能是三人相聚时所作，因为至元二十六年（1289年）李仲方去世时，高克恭曾与郭佑之、李仲宾、鲜于伯机、王子庆等共祭好友，出身色目人的高克恭不仅与汉族士人交好，还深深融入文人们的文化活动中。因李仲方丧礼之事，在至元二十六年（1289年）高克恭和李衎已结交谊。至元二十七年（1290年），赵孟頫与返京的高克恭相识并交往甚密（表3-1）。李衎在至大二年（1309年）为高克恭绘《云横秀岭图》题识云："予谓彦敬画山水，秀润有余，而颇乏笔力。常欲以此告之，宦游南北，不得会面者，今十年矣。此轴树老石苍，明丽洒落。古所谓有笔有墨者，使人心降气下，绝无可议者，其当宝之。"⑨由此得知，自大德三年（1299年）高克恭复召返京后

---

① 〔明〕宋濂等．元史·卷一百七十二·列传五十九·赵孟頫〔M〕．北京：中华书局，1976：4022页．

② 《故集贤大学士光禄大夫李文简公神道碑》，出自《滋溪文稿》，前引陈高华．元代画家史料（增补本）〔M〕．2015：146．

③ 《故太中大夫刑部尚书高公行状》，前引陈高华．元代画家史料（增补本）〔M〕．2015：5．

④ 〔明〕宋濂等．元史·卷一百七十二·列传五十九·赵孟頫〔M〕．北京：中华书局，1976：4022．

⑤ 单国强．赵孟頫信札系年初编．附录．赵孟頫信札〔J〕．故宫博物院院刊，1995，2：21．

⑥ 赵孟頫、高克恭、李衎之《行状》，皆据前引陈高华．元代画家史料（增补本）〔M〕．2015：42—48、3—6、145—147；前引《元史》，1976：4018—4023．下文不再出注．

⑦ 李维琨．赵孟頫艺术纪年表〔G〕//师古还是求新—赵孟頫的艺术与时代．北京：人民美术出版社，2019：197—211．

⑧ 谈晟广、赵明釜．钱选、高克恭年表简编〔G〕//谈晟广、赵明釜．中国名画家全集·钱选，高克恭〔M〕．石家庄：河北教育出版社，2006：187—198．

⑨ 谈晟广、赵明釜．中国名画家全集·钱选，高克恭〔M〕．2006：160．

表3-1 至元二十四年到至大三年（1287—1310年）赵孟頫、高克恭、李衎之事迹

系　年	赵孟頫	高克恭	李衎
至元二十四年（1287年）	至元丙戌（二十三年）十一月，行台治书侍御史程公钜夫奉诏搜访江南遗佚，得廿余人，公居首选，又独引公入见。公神采秀异，珠明玉润，照耀殿庭，世祖皇帝一见称之，以为神仙中人，使坐于右丞叶公之上。……顾遣侍臣传旨，立逐使出台，毋过今日。立尚书省，命公草诏书，挥笔立成。……六月授奉训大夫、兵部郎中。①（《赵公行状》） 至大都，作《初至都下即事诗》。（《纪年表》）	为监察御史。（《高公行状》）	改江淮行省员外郎。（《李公行状》）
至元二十五年（1288年）	春有湖州之行……秋别妻还京。（《纪年表》）	是岁，桑葛为相，每污用善良，期思附已，遂擢公右司都事。知终不可以权势慑……（《高公行状》）	
至元二十六年（1289年）	在衢州跋《定武兰亭贴》。以公事至杭州，偕妻同返京。（《纪年表》）	遣使江淮省，考核簿书。……李仲方，公故人也，以两浙运司经历卒于杭。公为卜地葬之西溪，且为文志其墓，与郭佑之、李仲宾、鲜于伯机、王子庆等祭之，哭尽哀。（《高公行状》）	
至元二十七年（1290年）	五月，拜集贤直学士、奉议大夫。是岁地震，北京尤甚……（《赵公行状》）	还，授兵部郎中。（《高公行状》）	

---

① 关于赵孟頫初入大都之年，学术界存在至元二十三年（1286年）、至元二十四年（1287年）两种观点。因《赵公行状》记程钜夫寻访江南遗佚在至元二十三年十一月，但《元史·卷一百七十二·列传五十九·程钜夫》（北京：中华书局，1976：4016）又有以下记载："（至元）二十三年，见帝，首陈：'兴建国学，乞遣使江南搜访遗逸；御史台、按察司，并宜参用南北之人。'帝嘉纳之。二十四年，立尚书省，诏以为参知政事，钜夫固辞。又命为御史中丞，台臣言：'钜夫南人，且年少。'帝大怒曰：'汝未用南人，何以知南人不可用！自今省部台院，必参用南人。'遂以钜夫仍为集贤直学士，拜侍御史，行御史台事，奉诏求贤于江南。初，书诏令皆用蒙古字，及是，帝特命以汉字书之。帝素闻赵孟頫、叶李名，钜夫临当行，帝密谕必致此二人；钜夫又荐赵孟頫……等二十余人，帝皆擢置台宪及文学之职。"参考李维琨先生《赵孟頫艺术纪年表》，笔者认为《赵公行状》记述赵孟頫于至元二十三年（1286年）被程钜夫举荐之前因，再将《元史·程钜夫列传》所记史事与《行状》内容对比后，赵孟頫初入大都之年应该在至元二十四年（1287年）。

续表 1

系 年	赵孟頫	高克恭	李衎
至元二十八年（1291 年）	帝尝问叶李、留梦炎优劣，孟頫对曰……。孟頫所赋诗，有"往事已非那可说，且将忠直报皇元"之语，帝叹赏焉。孟頫退谓奉御彻里曰："帝论贾似道误国，责留梦炎不言，桑哥罪甚于似道，而我等不言，他日何以辞其责！"……既而彻里至帝前，数桑哥罪恶……帝遂按诛桑哥，罢尚书省，大臣多以罪去。……帝欲使孟頫与闻中书政事，孟頫固辞，有旨令出入宫门无禁。……孟頫自念，久在上侧，必为人所忌，力请补外。（《元史·列传第五十九·赵孟頫》） 观温日观《葡萄图》卷，得韩滉《五牛图》卷。并题跋……小楷书贾谊《过秦论》。与高克恭过从甚密。（《纪年表》）	未几，桑葛伏诛。朝议江淮视他省繁剧，如得端介练达之士长省幕其可，则以公为左右司郎中。①（《高公行状》） "赵孟頫与自江浙回京的高克恭交往甚密。"——《式古堂书画汇考》。（《年表简编》）	迁承直郎、都功德使司经历。（《李公行状》）
至元二十九年（1292 年）	正月，进朝列大夫、同知济南路总管事，兼管本路诸军奥鲁。（《赵公行状》）		
至元三十年（1293 年）	济南府东昌官舍再题《五牛图》卷。（《纪年表》）		
至元三十一年（1294 年）			世祖宾天，成宗继序，诏罢征安南兵，释其陪臣陶子奇等，擢拜公朝请大夫、礼部侍郎，往谕其国，赐金虎符佩之。……安南闻有诏使，且疑且惧。公至，宣圣天子休兵息民一视同仁之德意，国王及其臣民拜伏以听，感戴欢呼，大喜过望。（《李公行状》）
元贞元年（1295 年）	成宗皇帝以修《世祖皇帝实录》，召至京师。未几，归里。（《赵公行状》）		公偕使者入觐，锡赉蕃渥。（《李公行状》）

---

① 关于桑哥治罪伏诛事，《元史·卷十六·本纪第十六·世祖十三》（［M］. 北京：中华书局，1976：343、347）载："二十八年春正月……尚书省臣桑哥等以罪罢。……五月……甲辰，中书省臣麦术丁、崔彧言：'桑哥当国四年，诸臣多以贿进，亲旧皆授要官，唯以欺蔽九重，朘削百姓为事，宜令两省严加考核，并除名为民。'从之。"又，《元史·卷二百五·列传第九十二·桑哥》（北京：中华书局，1976：4576）记："至七月，乃伏诛。"

系　年	赵孟頫	高克恭	李衎
元贞二年（1296年）	病休于家。(《纪年表》) 曾去苏州。①	迁山南河北道廉访副使。(《高公行状》)	公请补外，除同知嘉兴路总管府事，再迁婺州，佐两郡凡十年。……在郡岁余，被召。(《李公行状》)
大德元年（1297年）	除太原路汾州知州，兼管本州诸军奥鲁、劝农事。未上，召金书《藏经》，许举能书者自随。书毕，所举廿余人，皆受赐得官。执政将留公入翰苑，公力请归。(《赵公行状》)	擢公江南行台治书侍御史。(《高公行状》)	李衎题赵孟頫小楷《过秦论》。(《纪年表》)
大德二年（1298年）	与霍肃、周密、乔仲山、郭天锡等人在杭州鲜于枢处同赏郭忠恕《雪霁江行图》、王羲之《思想贴》等名迹。(《纪年表》)		
大德三年（1299年）	八月，改集贤直学士、行江浙等处儒学提举。(《赵公行状》)	复召入为工部侍郎。(《高公行状》)	
大德四年（1300年）		公由工曹转翰林直学士。(《高公行状》) 高克恭为李衎绘《春云晓霭图》轴并作诗。(《纪年表》)	
大德五年（1301年）	仍在江浙等处儒学提举任上。行书《赤壁二赋》册，并绘《苏东坡像》。为高克恭作《秋林平远图》。(《纪年表》)	京师水，公与直学士王公约赈济畿县，惠利周洽，民咸德之。(《高公行状》)	
大德六年（1302年）		授吏部侍郎。(《高公行状》)	
大德七年（1303年）		河东地大震，公使平阳，廪饿槁死，审录冤滞，复平反若干事。寻除彰德路总管未赴。(《高公行状》)	

---

① 单国强. 赵孟頫信札系年初编〔J〕. 故宫博物院院刊. 1995，2：5.

续表 3

系　年	赵孟頫	高克恭	李衎
大德八年 (1304 年)		改刑部侍郎。（《高公行状》） 五月，还自江西，过虎丘，在舟中题赵孟頫《水村图》。（《年表简编》）	
大德九年 (1305 年)			
大德十年 (1306 年)		京师旱，自秋八月不雨，至于六月。公升尚书……公亦除大名路总管。① （《高公行状》）	
大德十一年 (1307 年)			
至大元年 (1308 年)	为李衎《四清图》卷题跋。跋李衎为玄卿作《墨竹图》卷。（《纪年表》）		
至大二年 (1309 年)	七月，升中顺大夫、扬州路泰州尹，兼劝农事。未上。（《赵公行状》）		
至大三年 (1310 年)	十月，拜翰林侍读学士、知制诰、同修国史。（《赵公行状》） 孟頫去岁九月离吴兴，十月十九日到大都，蒙恩除翰林侍读学士，廿一日礼上，虚名所累至此。十二月间，长儿得咳疾寒热……② （《致中峰和尚（长儿贴）》）	春二月，还京师，客城南。将入觐，得寒疾，久不愈。至九月初四日，卒。即以是月二十九日葬在左山之原，从嘉甫先生之兆。（《高公行状》）	

至其 1310 年去世的十余年间高李二人"不得会面"，而高克恭绘画水平在晚年时期也达到了至臻成熟阶段。

有学者以赵孟頫题高克恭《墨竹图》跋语"仆至元间为郎兵曹，秩满，彦敬与仆为代，情好至笃，是时犹未甚作画"为据，认为高克恭在赵孟頫初入大都时期（即1290年至1291年）很少从事绘画，且因政治原因，很难以画结交③。事实可能并非如此。首先在赵孟頫初入大都前，高克恭已结识李衎等人。至元二十六年（1289 年）高克恭

① 〔明〕宋濂等《元史·卷二十一·本纪第二十一·成宗四》（〔M〕. 北京：中华书局，1976：469—470）载：大德十年（1306 年）"五月辛未，大都旱，遣使持香祷雨"，又记其后各地均有自然灾害发生，"六月……大名、益都、易州大水"，因《高公行状》言京师旱灾之事，综合考虑，窃以为将高克恭升尚书、除大名路总管事断定在大德十年（1306 年）较妥。

② 单国强. 赵孟頫信札系年初编. 附录. 赵孟頫信札〔J〕. 故宫博物院院刊，1995，2：21.

③ 卫欣. 高克恭与赵孟頫交往略考〔J〕. 美与时代：下半月，2008，1：86—88.

已经与郭佑之、李仲宾、鲜于伯机、王子庆等当时的能书善画者有比较密切的交往，柳贯《跋鲜于伯几与仇彦中小帖》中说："游仕于南而最爱钱塘山水者……仲方、彦敬兴至时作竹石林峦……"①清楚表明在赵孟頫初入大都前高克恭已作画有年，可能专事绘画时间较少或赵孟頫认为他此时的画作不成熟。其次，高克恭在至元二十七年（1290年）前曾在江淮为官，赵孟頫虽在大都任上，但也曾短时南返，这期间高赵二人或许已通过共同友人如李衎、鲜于枢等结识。以当时政治形势判断，若至元二十七年（1290年）高克恭返大都后才与赵孟頫初结识，到至元二十八年（1291年）初桑哥被免，考虑到当时政治斗争因素，二人相交难以做到"情好至笃"，高赵二人首次见面结识时间应稍早些。高氏《行状》言"棘棘不阿""知终不可以权势慑"当非虚言。因此，至元二十八年（1291年）时，李、高、赵同在大都之际，是三人结交友谊的重要时间点。

在李衎《行状》中记述至元二十八年（1291年）其"迁承直郎、都功德使司经历"。"都功德使司"为元代管理佛教的机构之一，《元史·本纪第十一·世祖八》载：至元十七年（1280年）三月"立都功德使司，从二品，掌奏帝师所统僧人并吐番军民等事"②，虽然该机构以后多有变动，但直至武宗时期仍是"管和尚的宣政院、功德使司两个衙门"③之一。李衎迁任都功德使司，作为负责佛教事务的官员，当熟悉大都内外的僧侣寺院。邓文原在李衎去世后作《哭李息斋大学士》云："忆陪客馆灯花落，喜借僧房贝叶看。""从游僧寺醉江天，疑语山亭濯涧泉。能悟庄周齐物论，能参居士在家禅。"④透露出李衎生前与佛教的紧密关系。李衎在大都任职期间应与云居寺有很多接触。

色目人出身的高克恭自幼受汉文化熏陶，其交谊的汉族文士中不乏有像赵孟頫一样的佛教徒。中国自古就有文人雅集的传统，如东晋时王羲之的兰亭雅集。元朝时这一传统仍未中断，如休致在家的廉野云于至大四年（1311年）至延祐元年（1314年）在大都组织了万柳堂燕集，赵孟頫亦在此雅集中赋诗作画纪事⑤。元代文人雅集还包括山水游览之会，蒙古、色目士人与汉族士人结伴出游、艺文切磋。萧启庆先生曾指出，元代"朋友共游"性质的雅集"更能表现出各族士人间的友情及共同雅趣"⑥。云居寺残石的内容主要是赵孟頫为李衎、高克恭的画作所题之诗，属于以画会友、以诗题画的文人雅集中产生的作品。李衎、赵孟頫都有佛教信仰，高克恭儒学修养很高又擅于书画，所以云居寺很可能就是文人雅集的佳处。

高克恭应更熟悉房山地区的风景佳地，他在大德四年（1300年）绘的《春云晓霭图》⑦表现了高山云雾缭绕、山间瀑泉临渊、山中藏古刹的情境（图3-1）。高克恭的绘画风格深受北方山水画派影响⑧，画中风景与云居寺地区风物十分相似，云居寺古刹藏于深山，石经山因白云缭绕又名白带山，附近有水头泉眼、杖引泉流经。比较

---

① 赵瑞. 元代西域文人高克恭交游考论〔J〕. 民族文学研究，2019，6：156.

② 〔明〕宋濂等. 元史·卷十一·本纪第十一·世祖八〔M〕. 北京：中华书局，1976：223.

③ 元典章·礼部卷之六·典章三十三：革僧道衙门免差发（至大四年四月）.（陈高华等点校）〔M〕. 天津：天津古籍出版社. 北京：中华书局，2011：1127.

④ 前引陈高华. 元代画家史料（增补本）〔M〕. 2015：167.

⑤ 萧启庆. 九州四海风雅同：元代多族士人圈的形成与发展〔M〕. 新北：联经出版公司，2012：226—227.

⑥ 前引萧启庆. 九州四海风雅同：元代多族士人圈的形成与发展〔M〕. 2012：249.

⑦ 高克恭《春云晓霭图》现存世两幅，一藏北京故宫，另一幅藏于台北故宫，画作考证参见余辉. 元代宫廷绘画史及佳作考辨〔J〕. 故宫博物院院刊，1998，3：74—76.

⑧ 前引谈晟广、赵明釜. 中国名画家全集·钱选，高克恭〔M〕. 2006：159.

图 3-1 〔元〕高克恭《春云晓霭图》轴局部①

《春云晓霭图》与清代宫廷画家邹一桂所绘的《房山云居寺图》（图3-2），可发现两画虽表现季节有别，但所绘古刹景象极为接近。高克恭从其父辈居大都房山，高氏应知晓云居寺。至元二十八年（1291年）发生桑哥获罪伏诛事件后，高克恭行将南迁赴任，按古代文人送别方式，友人分别前会小聚壮行，如唐代诗人王维名作《送元二使安西》中在渭城客舍送别友人。若在高克恭南行前，三人至房山云居寺雅聚，访碑游寺，绘画题诗，事后将书画交予寺僧保管，也是符合情理的推断。

至大三年（1310年）高克恭去世以后，李衎、赵孟頫都有再返大都且较长时间居住的经历，如李衎《行状》记载在皇庆元年（1312年）特命李衎为"吏部尚书，即日遣使召之，……既至，礼遇隆重，字而不名"，此时的李衎已近古稀之年，其居大都时"国有大政，则偕诸老议之"，《行状》所记李衎久居大都一段时间后便主动以病请辞，南还不久去世（1320年）。赵孟頫在元仁宗即位后得到重用，"用一品例，推恩三代"，直至延祐六年（1319年）六十六岁时才获准还乡②。赵

图3-2 〔清〕邹一桂《房山云居寺图》轴局部③

孟頫与高克恭交谊深厚，在高克恭去世十一年后的至治元年（1321年），还为高氏遗作《墨竹图》题跋"并书苏轼《墨君堂记》于后"④。由此可见，赵、李、高三人交情至深。

梳理三人自至元二十四年（1287年）到至大三年（1310年）的经历（参见表3-1），元贞元年（1295年）成宗召赵孟頫至大都修《世祖皇帝实录》，李衎于是年九月至大都"偕使者入觐"。虽然这一年赵、李二人均至大都，但赵孟頫这年（1295年）夏六月便病辞归吴兴。

因此，笔者推断，云居寺残石上的赵孟頫诗

---

① 北京故宫博物院藏，图片来自其网站。
② 王连起.赵孟頫及其书法艺术简论〔G〕//王连起.赵孟頫书画论稿〔M〕.北京：故宫出版社，2017：9.
③ 首都博物馆藏，图片来自其网站。
④ 前引李维琨.赵孟頫艺术纪年表〔G〕.2019：210.

作，应是至元二十八年（1291年）赵孟頫与高克恭、李衎雅聚时书画唱和所题①，而云居寺则是三人此次聚会的地点。

一般而言，书作刻碑上石的时间会晚于原作完成时间，所以，有以下两个问题需要继续探讨。

（一）赵孟頫书作何时镌刻

在探讨这个问题之前，需要先分析赵孟頫誊录题诗的时间。在图1-1缀合拓片的赵孟頫落款处右侧，还有居于下栏的三行字可辨，笔者初步辨识、标点如下：

王月□歸杭州，來子/□索□作，□與書/絕句，如□與之。

虽然"王月"之后的字模糊难辨，但结合赵孟頫诗作《送王月友归杭州》便可对照上。而这三行字不像诗作，识读理解后内容接近记事跋语：王月友返回杭州，派儿子求索赵孟頫书法作品，赵写了以往绝句旧作送与其子。因此，又牵涉出另一位与赵孟頫有很大关系的元代文人——王月友，即王泰来，其自号月友处士。"来子"，似指王泰来之子。赵孟頫不仅因王辞官返杭有感而赋诗两首，而且在王月友去世后，还亲撰《有元故徵士王公墓志铭》，可见两人交谊之深厚。

《墓志铭》载，至元二十三年（1286年）春王月友奉召入大都，后来辞官请归②。至元二十九年（1292年）春，"上命今丞相高公征爪哇，遣使召公为辅行。命下，平章政阿鲁浑撒里公为请，以老病免"。③阿鲁浑撒里虽代其请辞得免，但"召公为辅行"句表明，王月友可能先应召入大都，后再托阿鲁浑撒里为其请辞。另元人戴表元撰《送王月友游华阳洞序》云："当大德庚子岁，于是月友亦以其先人之道，被聘北游，而能辞其官不拜，归钱塘城中，闲居之日久矣。"④可知，在大德庚子年即大德四年（1300年）前后，王月友北游大都，曾被聘以官职，后又"辞官不拜"归杭州。以上梳理王月友入大都时间点，都与赵孟頫在大都时间相近（参见表3-1），赵孟頫在至元二十四年（1287年）初至大都，此时王月友可能已返杭州。若至元二十九年（1292年）王月友应召至大都，赵孟頫在"正月，进朝列大夫、同知济南路总管事，兼管本路诸军奥鲁"，赵氏授职前后的时间段，似是两人相见时机。大德四年（1300年）前后，王月友北游大都，赵孟頫则在大德三年（1299年）八月才南下江浙，两人亦可能在此期间于大都有交集。当然，因赵孟頫在大都任职时间较长，不排除其他时间王月友曾至大都活动的可能性，在王氏返归后又派子索书作。《墓志铭》载王月友于"至大元年（1308年）戊申五月二十九日卒，享年七十有三"⑤，所以，云居寺赵孟頫书作誊写时间不会晚于1308年王月友病卒时。笔者以为书录在至元二十九年（1292年）或大德四年（1300年）前后可能性最大，理由如下：

---

① 杨亦武先生在《羊头岗高克恭隐居处》（杨亦武. 房山历史文物研究〔M〕. 北京：奥林匹克出版社，1999：324）记述房山塔洼村原有古寺大雄殿，殿内原存落款为高克恭在大德元年（1297年）所绘两幅山水画：《上方探幽图》和《西域访经图》。按表3-1，大德元年"擢公江南行台治书侍御史"，未表明高克恭是年曾返大都。但赵孟頫在该年入大都"召金书《藏经》"，奉旨写佛经之事则使赵孟頫与云居寺产生了间接的联系。云居寺雷音洞壁上石刻写经是极具代表性的隋唐书法作品，是缮写《藏经》的重要参考。高克恭若是年因事返大都，极可能携赵孟頫同赴云居寺，事后为房山的寺院绘画。但杨亦武先生所记壁画今已不存，难探究竟，加之大德元年高克恭仍在外致仕，即便塔洼村壁画存在，亦难断其真伪。

② 松雪斋集（二）卷八. 页二五至二六。

③ 松雪斋集（二）卷八. 页二六。

④〔元〕戴表元. 剡源戴先生文集. 卷十三. 页十六，据睿则恩历史文献库网站公布"明万历九年（1581年）戴洵刻本"。

⑤ 松雪斋集（二）卷八. 页二七。

如前文所述，此刻石若是赵孟𫖯书录旧作而送与王月友之子，必是诗作、题跋均完成后，才能抄集于一纸。前文已探讨，诗作完成之年极有可能在至元二十八年（1291年），而至元二十九年（1292年）春，赵孟𫖯在授职后的待任期间与应召来京的王月友发生相见之事，而后又应其子索求而书录旧作。大德四年（1300年）前后逢王月友北游，赵孟𫖯恰在大德三年（1299年）复召入京，再早前的大德元年（1297年）时赵氏曾奉诏入大都书写佛经（表3-1）。结合刻石出土在云居寺情况，题刻原作也可能在大德三年至四年之间誊录。还需申明的是，尽管从拓片内容判断其书写年代与王月友返杭有关，但也有可能是在王返杭一段时间以后赵应其子索求而书。

既然是送与王月友或其子的书作，为什么会镌刻在云居寺？根据前文分析，刻石原初应分上下两栏镌刻，因而笔者认为原作可能是一长卷，即赵孟𫖯在长卷上依次书录旧作，但后期勒石时需考虑石材体量，所以将长卷书作分为上下两栏镌刻。虽然以往诗文家会自存作品，但有些书画题跋是文人即兴创作，赵孟𫖯能在此题刻中将以往题跋书于一卷，很可能是对照寄存在云居寺的三人书画或草稿进行抄录。再分析拓片中的三行关涉王月友的文字，尽管其内容透露出赠书法作品予王月友的意思，但亦有自我记事之意。赵孟𫖯书录后可能将书作暂存云居寺，待王月友儿子自取，受赠人因故未取，亦或是赵孟𫖯另誊书一份正本送与王月友或其子，而将底稿留在了云居寺，笔者认为后者可能性较大。这也解释了赵孟𫖯书作为什么会出现在云居寺：为李衎、高克恭的画稿题跋的原作存于云居寺，故而书录地点也在云居寺，为王月友父子书写旧时绝句后，赵将底稿遗留在寺内。云居寺刻石的内容，似依据赵孟𫖯遗留的这份"底稿"上石镌刻。

也许有人会产生疑问，有无王月友后人或后世将此赵孟𫖯书作捐刻云居寺的可能性？笔者认为是否定的，理由有三：（1）云居寺无论是在隋、唐、辽、金时期，还是在元代及明、清，都是得到皇家和达官显贵重视、资助的寺院，云居寺是"因经而寺"，历代社会上层或是底层信众的捐资都为刻写佛经，即便是寺内存留的诗作题刻，其内容基本都围绕云居寺景观、礼佛、信仰等方面，云居寺出土的赵孟𫖯书刻残石内容与佛教方面没有关联。（2）赵孟𫖯的书作中有写经作品流传至今，若是后世在云居寺捐刻赵孟𫖯书作，首选一定是赵氏写经。（3）从展出的出土题刻残石和拓片分析，云居寺的赵孟𫖯书作刻石不同于云居寺内其他的文人诗词附刻在石作建筑物、石经山崖壁等处，是专门安排石材、设计书法勒石的布局进行刻制的，最大的可能是，此作是赵孟𫖯在云居寺所书，又将书作底稿遗留在云居寺成为寺产，寺内专门照此镌刻。

由上讨论，得知云居寺赵孟𫖯书刻碑石，是在诗作、题跋草成后，又经过赵孟𫖯的誊录，才勒石镌刻。所以，前述"何时镌刻"问题，笔者认为刻于至元二十九年（1292年）至元延祐年间（1314—1320年）的可能性较大，理由如下：

首先，传世的赵孟𫖯书法作品中，目前未见云居寺刻石内容。赵氏现存作品多为墨迹纸卷，石刻较少，清代乾隆帝御刻《三希堂法帖》亦未收录云居寺残刻石上的赵孟𫖯题诗①。赵孟𫖯书作在元代时既已闻名，元世祖、成宗、仁宗对其人品学识、书画皆持肯定态度。如果赵孟𫖯在云居寺留下题诗，将其书作刻于寺内以资纪念并显书名，对处于没落时期的寺院重兴有利。

其次，书作勒碑上石还需要有资金支持，延

---

① 相关论述，参见王连起. 谈《三希堂法帖》所刻赵孟𫖯书〔G〕//赵孟𫖯书画论稿〔M〕. 北京：故宫出版社，2017：118—137；另有冼玉清先生作《元赵松雪之书画》，曾对赵孟𫖯的书法、绘画的年月可考与不可考者及伪作均进行梳理，亦未见云居寺石刻上赵孟𫖯相关书作，参见冼玉清. 赵孟𫖯书画考〔M〕. 杭州：浙江人民美术出版社，2018：18—79.

祐二年（1315年）元仁宗恩赐云居寺《大藏经》，云居寺获得了皇家和官方的支持，且仁宗对赵孟𫖯的才德极为推崇，因而此时出资刻碑的可能性更大，后文将详细分析。

第三，虽然元代刻碑帖较少，但云居寺地区盛产刻碑石材，还拥有石作技艺精湛的石匠。营造元大都的汉白玉大多出于此地，元代后期高丽僧人慧月补刻雷音洞石经、云居寺寺内存元代碑石，都可证元代此地碑刻技术高超。因而，云居寺将赵孟𫖯题诗镌刻上石的条件可谓得天独厚，在此地将书帖刻碑较其他地方更可行。赵孟𫖯在世时，已有顾信为其书法作品摹勒刻石，即今传世的明拓元《乐善堂帖》，与云居寺赵孟𫖯书刻残石相似的是，此帖的原碑石在元以后不知何故也曾埋于土中，"明正德、嘉靖年间才出土于淞南别墅"①。

（二）赵孟𫖯题诗刻石出现在云居寺的其他背景与原因

前文曾将《赤壁二赋》中的"識"字与云居寺刻石中同字进行比较，《赤壁二赋》书于大德五年（1301年），距离前文提出赵孟𫖯誊录的大致时间——至元二十九（1292年）年或大德四年（1300年）前后的时间较近。此时，正是赵孟𫖯的书法进步变化时期，王连起先生认为这时的赵氏行书"有很浓的六朝碑版笔意"，楷书开始改师六朝、唐、北宋人，如智永《千字文》和唐人写经等②。云居寺石经山有大量隋唐时期刻经作品，是元代大都地区重要的唐人书法宝库，专注于唐人写经书法的赵孟𫖯很有可能在此阶段——至元二十八年（1291年）至大德五年（1301年）期间与云居寺发生联系。

在云居寺北塔院碑廊矗立着元顺帝至元二年（1336年）立《大都房山县小西天石经山云居禅寺藏经记》③碑（图3-3，以下简称"云居寺元碑"），碑文记录了延祐二年（1315年）春，银青荣禄大夫中书平章政事、太禧宗禋院使明里董阿，奉旨代仁宗赴涿郡朝礼佛事活动，特至云居寺巡访。返

图3-3 〔元〕至元二年（1336年）
大都房山县小西天石经山云居禅寺藏经记碑

---

① 吴元真. 丛帖中的稀见拓本——明拓元《乐善堂帖》〔J〕. 北京图书馆馆刊，1997，1.

② 前引王连起. 赵孟𫖯及其书法艺术简论〔G〕//赵孟𫖯书画论稿〔M〕. 2017：19、21.

③ 参见云居寺文物管理处. 云居寺贞石录〔M〕. 北京：北京燕山出版社，2008：92—93. 本稿引文据该书录文，为节约篇幅下不出注。

回元廷后向仁宗上奏，"以是奏得经律论一大藏，藏于寺"。也因明里董阿来访时"徘徊顾眺"，"爱其山水奇秀，寺宇靖深"，促成"为皇家祈福之所"，此事件使云居寺在元仁宗时期地位提升。明里董阿是元朝中期的重臣，深得仁宗宠信，碑文中记载其"时为密迩亲信大臣，特承顾问。凡所以弘护佛氏、兴隆三宝者，公盖有力焉"。可知在仁宗时期，明里董阿负责主持皇室的佛教活动[①]。如此重臣在代皇帝行礼的公务活动途中，专至云居寺临观，事后特向仁宗上奏以赐云居寺藏经，此举关系元朝时期云居寺的兴衰问题，值得藉此进一步探讨。

云居寺元碑还记录了明里董阿专访云居寺的原因："因闻房山白带之东山，有石经，厥绩甚懋，而长老归源云公适任住持。公故临观焉。"即一是听闻白带山上藏有石经，是一项古人伟大业绩，值得参拜；二是适任云居寺住持的"归源云公"似是当时佛教界一大德，明里董阿与其相识或者仰慕其名。两方面原因，才致使明里董阿在皇家佛事公务途中，又赴云居寺。延祐二年春（1315年），恰是前述赵孟頫、李衎都被元仁宗重用，在大都高就之时。李衎本就担任过元朝管理佛事机构的官员，赵孟頫不仅是一名虔诚的佛教徒，大德年间成宗皇帝特召其至大都主持抄写金书《藏经》事。元仁宗是一位仰慕儒家文化又扶植汉传佛教的皇帝，对于李衎、赵孟頫这样的汉族饱学之士极为优礼，从李、赵二人《行状》等即可看出。此二人很可能是明里董阿专访云居寺、促成云居寺在元代复兴的"幕后推手"。

尤其是赵孟頫，早已拜识元代后期江南地区的名僧中峰明本，赵孟頫夫妇年长于明本，一直以弟子居之。从传世的赵孟頫致中峰禅师书札看，二人不仅有信仰上的师徒关系，亦是彼此深交的朋友。据叶宪允先生研究，赵孟頫与中峰明本禅师相识于"1296年前后的杭州云居寺"，并引《古今图书集成》第九百三十六卷之《杭州府部汇考二·杭州府山川考一》的记载："云居山在杭州城西南，上有云居寺，又名圣水寺，面圣湖，倚枫林，颇称佳境。而中峰和尚之履，赵子昂之碑，尤为胜迹。寺额题'云居'二字亦子昂书。"[②] 延祐二年（1315年）明里董阿来石经山时，寺名据元碑额题为"石经山大云居禅寺"，杭州云居寺位于西湖东南云居山。南北二寺皆名云居，大都云居寺又供藏隋唐以来的石刻大藏经，对信仰佛教又善书金经的赵孟頫可谓"因缘际会"。

中峰明本不仅是赵孟頫的师父和友人，还是禅门临济宗第十九世祖师。云居寺元碑为"嗣临济宗英悟正印大禅师、京大竹林禅寺住持传法沙门雪磵法祯撰并书"，表明此时的云居寺是禅门临济宗僧人住持寺院。提到的"京大竹林禅寺"，据《析津志辑佚·寺观》载："竹林寺，在海云寺前稍东，亦有古台城之制，有洞房。前金国戚之所宅，后易而为寺，古德海公所住，迄今宗门有录曰海西堂是此也。"[③] 海公即元代临济正宗高僧海云印简，曾为元世祖讲经说法，据《大蒙古国燕京大庆寿寺西堂海云大禅师碑》（图3-4，以下简称《海云碑》）记，其曾"住持竹林禅寺，……既

[①] 关于明里董阿在英宗以后的事迹，邵彦《元代宫廷缂丝唐卡巨制——大都会艺术博物馆藏缂丝大威德金刚曼陀罗》（〔J〕.中国国家博物馆馆刊，2017，5：118）文中有综合性的论述。

[②] 叶宪允. 赵孟頫与中峰明本禅师交游考——以《赵文敏与中峰十一帖》为重心〔J〕. 湖州师范学院学报，2015，9：19.

[③] 〔元〕熊梦祥. 析津志辑佚.（北京图书馆善本组辑）〔M〕. 北京：北京古籍出版社，1983：73. 关于此碑中出现的法祯及竹林寺，有曹刚华撰《元〈大都房山县小西天石经山云居禅寺藏经记〉略考》一文，引用《补续高僧传》史料对法祯的相关事迹、与云居寺关系作了考证，认为云居寺元碑中的"竹林寺"为"南城的竹林寺"，该文也对明里董阿的生平进行了详细的梳理；收入北京佛教文化研究所编. 元代北京佛教研究〔C〕. 北京：金城出版社，2013：284—294.

住竹林经营寺事"①。而赵孟頫曾奉敕撰《临济正宗碑》，该碑主要记述北方以海云印简一系为中心的"临济正宗之印"的传承②，尤为强调海云"能系祖传以正道统，佛法盖至此而中兴焉"

图 3-4 大蒙古国燕京大庆寿寺西堂海云大禅师碑
（现保存于北京法源寺）

的承上启下作用。在大都，与海云关联密切的寺院莫过于庆寿寺，旧时北京长安街有庆寿寺双塔的古迹，其一即海云灵塔。《松雪斋集》卷三中收有《庆寿僧舍即事》，诗云："白雨映青松，萧飒洒朱阁。稍觉暑气销，微凉度疏箔。客居秋寺古，心迹俱寂寞。夕虫鸣阶砌，孤萤炯丛薄。展转怀故乡，时闻风鸣铎。"揭示赵孟頫不仅来访庆寿寺，且曾客居于寺内。由上可知，赵孟頫居大都时和临济正宗海云一系僧人来往密切。

在《海云碑》碑阴刻有云居寺元碑中的撰书者之一的名字——"英悟大师提点诹吉日"，云居寺元碑记为"嗣临济宗英悟正印大禅师"，据此判断英悟为海云一系的传人。事实上，海云印简生前与云居寺有着极大关系。《海云碑》记载金末时即"癸未秋"（1223 年）海云曾"住持易州之兴国禅寺，时避水寨之扰，乃居于石经山之东峰"，至甲申秋（1224 年）可能才离开。因而得知，这位金元之际、临济正宗的海云印简宗师曾居石经山有近一年之久。临济正宗系与房山云居寺有如此深厚的关联，使云居寺在元代成为临济正宗寺院。

在赵孟頫的传世书法中，有一类为佛教写经，最为著名的是《妙法莲华经》，今知存有"卷三"被私人收藏、"卷五"藏于首都博物馆③。关于此写经，王连起先生考证原本为七卷，"是赵孟頫为其佛门之师中峰明本书，时间是元仁宗延祐二年乙卯（1315 年）"④，当时赵氏正在大都任职。石经山唯一开放式的藏经洞——雷音洞的四壁均嵌构石经版，其正壁和右壁安置《妙法莲华经》经版，是殿内供奉的主要经典。雷音洞石刻《妙法莲华经》是世界上最早的一个完整版本⑤，为隋

---

① 录文参见：觉真.《法源寺贞石录》元碑补录〔G〕//北京市文物研究所编.北京文物与考古.第 6 辑，北京：民族出版社，2004：253—259.

② 黄夏年.赵孟頫与奉敕撰《临济正宗之碑》〔G〕//北京佛教文化研究所编.元代北京佛教研究〔C〕.北京：金城出版社，2013：279.

③ 邢鹏.首都博物馆藏赵孟頫小楷《妙法莲华经》卷五的流传与收藏经历〔J〕.文物天地，2017，10.

④ 王连起.《赵孟頫传世小楷《妙法莲华经》卷三、卷五考〔G〕//赵孟頫书画论稿〔M〕.2017：302.

⑤ 罗炤、贺铭、叶少勇.隋唐版本《妙法莲华经》合校研究的几点收获〔G〕//房山石经博物馆、房山石经与云居山文化研究中心编.石经研究.第二辑，北京：华夏出版社，2018：86.

代书刻作品，其书法水平为历代来访者所称道。延祐二年（1315年），赵孟頫为中峰和尚书《妙法莲华经》，仁宗朝重臣明里董阿访云居寺石经，两件事联系起来，透露出赵孟頫与延祐二年（1315年）云居寺的重兴事件似有一定关系。前文曾述，赵孟頫自中年后在书法上师唐人写经，而石经山是观摩隋唐写经的绝佳地点。

关于赵孟頫书佛经的事迹，现已知其曾为皇家以金书《藏经》，还因私人交谊而书《妙法莲华经》《心经》等。在功德使司任职过的李衎也与《大藏经》有关联，成宗即位后曾诏李衎处理罢征安南事宜，元贞二年（1296年）李衎曾偕安南使者入觐，据《安南志略》卷十三记载："遣贡上表，求封王爵，不允；乞《大藏经》，赐之。"[1] 李衎带安南使者觐见时，元成宗曾赐给安南国一套《大藏经》。可见在元成宗时期即有刻印或金书完整的《大藏经》，延祐年间仁宗皇帝赐予云居寺的"经律论一大藏"，据罗炤先生分析可能是仁宗皇帝"镂印经像"中的《延祐藏》[2]。赵、李二人当时都参与过《大藏经》书写或赐经事宜，元仁宗赐经事，两人是否在其中发挥作用，记此以备一说。

云居寺元碑的碑额由"集贤大学士荣禄大夫陈颢"篆书，《元史·列传六十四·陈颢》载，陈颢是深得元仁宗信任的近臣，仁宗对其"政事无不与闻"，此人为延祐二年（1315年）恢复科举取士"赞助之力尤多"[3]。陈颢身为元仁宗垂青的汉族文官，对于元代文化振兴，特别是南方读书人入仕发挥了重要作用。按理，赵孟頫当与其有交谊，但从赵孟頫的文集、书作中并未发现二人往来的凭据。延祐元年（1314年）立于嵩山少林寺的《大元赠大司空开府仪同三司追封晋国公少林开山光宗正法大禅师裕公之碑》，却发现了二人交集所在：此碑为赵孟頫的"伯乐"程钜夫撰文，赵孟頫书丹，"集贤大学士荣禄大夫陈颢立石"，三人均参与了元代少林寺中兴祖师福裕树碑之事[4]。陈颢参与此事，既与仁宗信赖有关，亦从侧面反映出与赵孟頫可能有来往。云居寺元碑在至元二年（1336年）树立时，赵孟頫已去世十四年，碑额只能委陈颢篆书。

在《元史》卷一百八十七的"周伯琦传"中，记载了元顺帝至正年间曾命周伯琦刻碑帖事："摹王羲之所书兰亭序、智永所书千字文，刻石阁中。"[5] 黄惇先生认为此事可能为"正史史料中惟一记载的元代刻帖了"[6]。而高丽僧人慧月于至正元年（1341年）巡礼石经山受到感召，重修华严堂（即雷音洞）补刻石经，与周伯琦刻帖时间较近。此时的云居寺可能又得到一些功德主的赞助，固然不能完全排除这一时期有人将赵孟頫书作刻碑捐存云居寺的可能，但与延祐年间云居寺得到皇帝赐经、明里董阿将此地促成"皇家祈福之所"及赵孟頫深得仁宗恩遇的时机相比，则在延祐年间刻碑的可能性更大。

至于赵孟頫的题书刻石是如何被毁坏的，笔者认为是经历两次（元明、明清）改朝换代引发

---

[1]〔越南〕黎崱. 安南志略（武尚清点校）〔M〕. 北京：中华书局，1995：315.

[2] 罗炤. 房山云居寺收藏的"合美菩萨"像〔G〕//房山石经博物馆、房山石经与云居山文化研究中心. 石经研究. 第三辑，北京：华夏出版社，2020：12.

[3]〔明〕宋濂等. 元史·卷一百七十七·列传第六十四·陈颢〔M〕. 北京：中华书局，1976：4131.

[4] 海云印简与雪庭福裕之间曾有密切的关系，二人均受到蒙元统治者的尊崇，相关史事研究可参见杨曾文. 少林雪庭福裕和元前期的佛道之争〔J〕. 法音，2005，3：38—42；温玉成《中兴少林寺的雪庭福裕》，温玉成. 少林访古〔M〕. 天津：百花文艺出版社，1999：224—229.

[5]〔明〕宋濂等. 元史·卷一百八十七·列传第四十七〔M〕. 北京：中华书局，1976：4296.

[6] 黄惇. 赵孟頫与《兰亭十三跋》〔G〕//黄惇. 从杭州到大都——赵孟頫书法评传〔M〕. 上海：上海书画出版社，2003：93. 上文引《元史》顺帝命周伯琦刻帖史料由该文得知，特此说明。

的战乱的缘故。元末明初社会动荡，云居寺所处太行山余脉正是南北陆路交通要冲，恐难逃元末兵祸之劫。在中国国家博物馆藏有一元至顺三年（1332年）造青铜炮①（图3-5），就是在房山云居寺发现的。发现者是近代文物鉴赏家周肇祥先生，史树青先生为其《琉璃厂杂记》作序曾记此事经过："民国二十四年（1935年），养庵先生应溥心畬先生之邀，游房山县云居寺，偶于佛殿见一奇异铜香炉，长筒直立，大口向上，细看'炉'身，刻有'绥边讨寇军，至顺三年二月吉日，第叁百号，马山。'先生于无意中发现了这件刻有文字的元代铜火炮，询问来历，寺僧皆称不知。先生略施'布施'，遂将铜炮携归。"②

图3-5 元至顺三年的铜炮
（1935年发现于云居寺内）

铜炮虽难以断定是否为云居寺原物，但作为金属重器，原所在地应距云居寺不远。亦可证云居寺地区在元末战乱中并非世外桃源，赵孟頫题刻的碑石，料也难以幸免。

云居寺在明末清初的社会动荡和战乱中再受破坏，清康熙三十七年《重修范阳白带山云居寺碑》云"兹则颓者益颓，而残者且日就剥落"，可知云居寺在明清易代之际又遭颓毁，使赵孟頫题书刻石遭到彻底的毁弃。③

综上分析可知，赵孟頫、李衎及高克恭应一同来访过临济正宗住持的房山云居寺，赵孟頫也与临济宗僧人关系密切。云居寺刻石的内容作于至元二十八年（1291年）之际的可能性较大，或许在云居寺雅聚时题书。后应王月友或其子索求书法作品，赵孟頫将题跋之作收集誊录，誊录底本似因某种原因遗留云居寺，此事可能发生在至元二十九年（1292年）或大德四年（1300年）。上石刻帖时间还应在事后，可能在延祐年间。因为延祐二年（1315年）明里董阿来访云居寺后，意将此寺作为"皇家祈福之所"，寺僧因仁宗皇帝对赵孟頫的书画尤为推崇，所以将赵孟頫书作刻于贞石以备皇室御临寺院，此时刻碑也能得到资

---

① 参见中国国家博物馆网站介绍，图3-5采自该网站公布文物照片。

② 史树青.《琉璃厂杂记》序〔G〕//周肇祥.琉璃厂杂记〔M〕.北京：北京燕山出版社，1995：4.

③ 前文注释征引单庆麟：《通州新出土佛顶尊胜陀罗尼幢之研究》（考古学报，1957，4），曾提及1956年通州拆除旧城墙曾出土断散的赵孟頫书丹蓟国公神道碑，可能情况与云居寺赵孟頫书刻残石毁弃原因相近。因笔者未能进一步查到当年北京通州出土的该碑相关资料，李衎曾追封蓟国公，但元代授此封号者有多人，本文暂不讨论。

助[1]。后来历经朝代更迭、战乱动荡，赵孟頫书刻碑石遭到破坏毁弃而作基石之用。

北京地区发现的元代赵孟頫书法刻石，除云居寺发现的27块残石外，还有一些赵孟頫书丹的墓志或碑记[2]等，如1972年5月发现于北京永定门外小红门的《张弘纲墓志》（见下页图3-6）。该刻石为赵孟頫书于大德九年（1305年）[3]，但毕竟属墓志类刻石，拓片显示该志石的书风不如云居寺书刻残石更能显示赵体潇洒多姿的书风特点。云居寺刻石不仅是珍贵的赵孟頫书迹文物，更蕴含了另外三位元代著名人物高克恭、李衎、王月友的信息，是中国古代著名文人之间友谊的历史见证。此题刻还透露出赵孟頫与元代临济正宗寺院——云居寺的紧密关系，弥补了元代的云居寺一段重要文化史。

---

① 在《房山石经题记汇编》中收录有一元代题记残碣："大元国大都路涿/阿贺/提领□/□□□□副统/阿/巳长/经莄/（北京图书馆金石组、中国佛教图书文物馆石经组编．房山石经题记汇编〔M〕．书目文献出版社，1987：74）。此题记是否为当时官员资助云居寺的题记，有待进一步探讨。

另据元末重臣危素撰《故荣禄大夫江浙等处行中书省平章政事月鲁帖木儿公行状》（简称《行状》，危太朴文续集·卷第七〔M〕．新文丰出版公司编辑部．元人文集珍本丛刊·七．台北：新文丰出版公司，1985：567-570）记载，元仁宗曾对近臣说，

"朕欲为太上皇，与若等游观西山以终天年，不亦善乎"，表明元仁宗在执政后期确有禅位皇太子、游历西山的想法。《行状》还记载了元仁宗出此言后，"御史中丞蛮子、翰林学士明里董瓦皆欣然称善"，在《元史·卷一百四十四·列传第三十一》的《月鲁帖木儿传》中也记录了此事（〔M〕．北京：中华书局，1976：3434），其中《行状》所载"明里董瓦"在《元史·月鲁帖木儿传》中记为"明里董阿"，即云居寺元碑中的"明里董阿"。云居寺所在正是大都西山地区，再结合云居寺元碑所记相关内容，可知明里董阿临观云居寺亦非偶然为之，而是欲将云居寺作为仁宗禅位后游历大都西山的巡幸驻跸之所。姚大力先生撰《元仁宗与中元政治》一文曾引上述《行状》，推断仁宗有禅位的考虑可能在延祐六年前后（姚大力．蒙元制度与政治文化〔M〕．北京：北京大学出版社，2011：381）。而云居寺元碑记载延祐二年明里董阿访云居寺一事，表明元仁宗似在此之际便有此考虑，延祐三年十二月便"立皇子硕德八剌为皇太子"（元史·卷第二十五·本纪第二十五·仁宗二〔M〕．北京：中华书局，1976：575）。

② 蔡辉《在老北京城中寻找赵孟頫》中提到："北京城中仅存两碑，其一《皇庆元年崇教大师演公碑》在中轴线附近的护国寺内，另一《道教碑》在朝阳门外神路街东岳庙内。"（蔡辉．北京中轴线文化游典碑刻——皇皇史册〔M〕．北京：北京出版社，2021：277.）

③ 北京市文物研究所．元铁可父子墓和张弘纲墓〔J〕．考古学报，1986，1；墓志内容及拓片见该文第109页至113页。

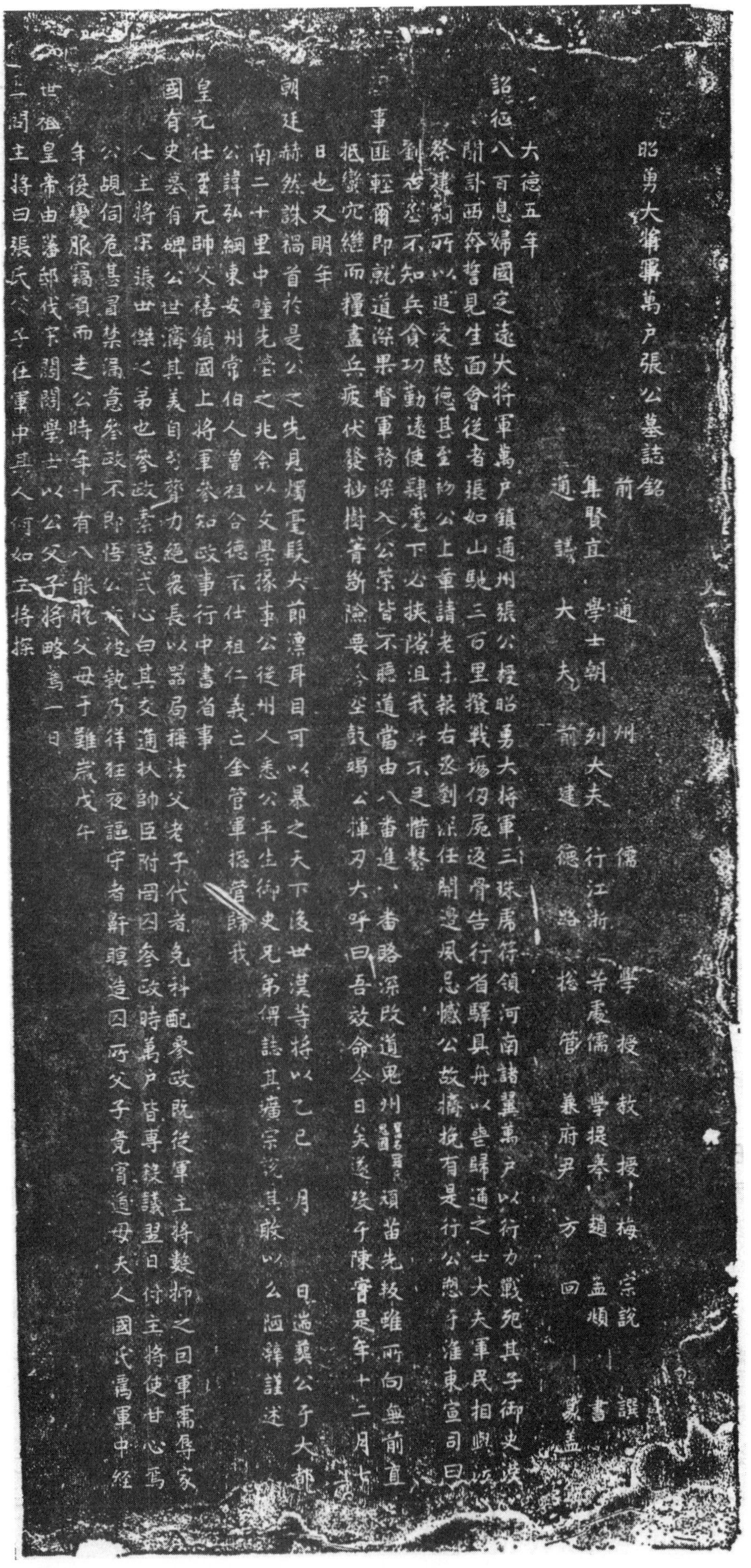
昭勇大將軍萬戶張公墓誌銘
前通州儒學教授梅宗説撰
集賢直學士朝列大夫行江浙等處儒學提舉趙孟頫書
通議大夫前建德路總管兼府尹方回篆蓋

图 3－6　元大德九年《张弘纲墓志》

致谢：广西民族大学民族学与社会学学院富霞副研究馆员、桂林市文物保护与考古研究中心周有光研究馆员对本文给予了大力支持与帮助，谨此致谢。

（作者单位为房山云居寺文物管理处·房山石经与云居寺文化研究中心）

民国时期的云居寺与房山石经

刘 军

摘 要 民国前期,云居寺自然环境较好,是个幽静的园林式寺院。后期历经火灾、兵燹、拆毁、盗窃等劫难,受到极大破坏。

关键词 民国 云居寺 房山石经

引 言

长期以来,云居寺和房山石经都是学界热点,但有关民国时期云居寺和房山石经的状况,还缺乏深入细致的研究。而民国作为中国近现代一个重要时期,是云居寺和房山石经历史链条上不可忽视的一环。民国时期云居寺和房山石经是一个怎样的情形和状态,经历了哪些大事,对后来产生了怎样的影响,目前均知之不多。本文着重搜集整理了一些民国时期的相关文献,以反映当时云居寺和房山石经的主要面貌和经历的重大事件,或有拾遗补缺之助。

一、民国时期的云居寺

(一)概况

民国时,云居寺隶属于河北省,位于房山县西,涿鹿山之阳。

"该寺创建于唐,重建于清,寺中藏有隋唐石刻经版甚夥,故又名石经山。"① "初为静琬所造,唐金仙公主复修之,迨明洪武及正统时,又屡加重修。"② "为历代祖师驻锡之所,息心之处,乃北方之名刹,燕赵之圣地也。"③

云居寺明代称西峪寺,清初改称西域寺:"山下有东西峪,就地建东西云居寺,今东峪寺已毁,仅存西峪。至前清时,改称西域云居禅林。"④

云居寺的法运,隋唐兴盛,元明寖衰,清初中兴:"自隋唐以来,云居法事,蔚然称盛。元明而后,法运寖衰。清初溟公老人,以天童法脉来主斯寺,昔日盛况,于焉观复。及圆通量公屡演毗尼,宝华宗制,号为中兴。溯自有清以来,弘宗演律赓续不绝,四方缁侣望风投止,而苦修志

---

① 房山西域寺今春传戒之近讯〔J〕. 佛学半月刊,1937 (145):16.

② 李书华. 房山游记〔J〕. 禹贡,1936 (5-2):52.

③ 西域寺今秋传戒,恢复同戒录〔J〕. 同愿月刊,1941 (2-12):17-18.

④ 蒋维乔. 大房山记游〔J〕. 小说月报(上海1910),1919 (10-8):7.

道悟入机微者,指不胜数也。"① 法脉上,静琬大师乃南岳慧思一脉,经历千年流变,清初溟公老人传的是天童法脉(临济宗),民国时可能仍是临济法脉。

民国前中期,云居寺的住持是乐禅上人,民国九年(1920年)已是该寺方丈,1937年时仍然是。1932年时,云居寺有僧六七十人,佛殿禅房四五百间,僧人和建筑的规模都不小,对这些,民国时期这样记载:"有僧六七十人,佛殿禅房,四五百间,方丈乐禅上人,现住平大佛寺,知客岫山和尚,招待甚殷,急备午餐,食后导观寺内各殿各碑,及竹林。"②

民国时期云居寺虽已衰落,但以弘扬律宗闻名全国,是当时为数不多的传戒重地之一:

> 当有清之时,屡次传戒,均按宝华山之规制,未尝辄改,诚今日有数之宏律道场也。入民国以来,法运式微,该寺住持乐禅和尚,德高腊长,精研戒学,自任席该寺,百废俱兴,民九之春,传戒一次,后因时局扰攘,地方不宁,故停止。闻近因各方缁素之请,爰于今春传授千佛大戒,广收四众弟子,除自备三衣钵具外,免收戒费。③

(二)山清水秀,圣迹繁多

民国前中期的云居寺是一个植被很好、环境优美、世外桃源般的园林式寺院。对此,时人有很多描述,主要内容有以下几类。

其一,山清水秀,林壑幽美

1910年代:"崖开林阁玉龙飞,策杖寒泉入翠微。"④

1930年代:"林深鸟迹杂,山静瀑声喧。"⑤ "西域寺三面皆山,清泉流水,古树参天,多白云围绕山头。"⑥ "柏阴夹道,水流潺潺,石桥横涧,古塔凌云。"⑦ "该寺建于两山环抱之中,如婴儿坐于慈母之怀,形势表露我佛慈悲之像。"⑧ 虽处北地,但水丰树茂,自然环境不逊江南。

其二,殿宇尚整,保护用心

1930年代:"画栋雕梁,藻饰完美,而苍古浑厚,更见其历史攸久焉。寺山遍地含泉,故峰峦幽秀,永保润泽之丰姿。寺僧引水入院,砌石成沟,计由第一殿迄第五殿,逐院环流。沟之两旁,丛篁名卉,杂植其间。细流潺潺,微波荡漾,山光花影,反映水中,游该刹者莫不感涤尘去俗,光明心镜,而顿悟色空也。"⑨ 此时建筑未见明显损毁,"引水入院"是防火措施,保护也算用心。

其三,游人向往,隐士欲栖

"山中圣迹繁多,林壑幽美,每到春夏之期,山中之碧桃红杏,以及河畔之垂柳梨花,实不亚桃源,有如仙境。不独为中外人士所乐游,抑亦箕颖山林者之所欲栖也。"⑩ 这个时期,云居寺人气非同一般,对僧俗人士均有极大的吸引力。

---

① 西域寺今秋传戒,恢复同戒录〔J〕. 同愿月刊,1941(2-12):16-17.

② 陈兴亚. 游房山县西域云居寺日记:寺在房山县西境但须由涿州前往〔J〕. 河北月刊,1935(3-12):1.

③ 房山西域寺今春传戒之近讯〔J〕. 佛学半月刊,1937(145):16.

④ 旨微. 游西域寺〔J〕. 新中国,1919(1-7):247.

⑤ 惠隐. 西峪寺:西山纪游诗〔J〕. 交大平院季刊,1935(2-3):200.

⑥ 汪震. 西域寺上方山游记〔J〕. 文化与教育,1935(51):32.

⑦ 陈兴亚. 游房山县西域云居寺日记:寺在房山县西境但须由涿州前往〔J〕. 河北月刊,1935(3-12):1.

⑧ 房山县西域寺全景(照片)〔J〕. 河北月刊,1935(3-1):1.

⑨ 房山县西域寺全景(照片)〔J〕. 河北月刊,1935(3-1):1.

⑩ 房山西域寺今春传戒之近讯〔J〕. 佛学半月刊,1937(145):16.

图1 西域云居寺全景（房山风景之十六） 来源：铁路公报：京汉线，1922（41）：3.

图2 房山县西域寺全景 来源：河北月刊，1935（3-1）：1.

（三）寺内殿宇状况

民国前期，云居寺殿宇规模宏大，有五大院落，六进殿宇，每院随山势逐步升高，一殿一层，首天王、弥勒殿，次毗卢殿，三释迦殿，四药师殿，五弥陀殿，六大悲殿及藏经阁。①

民国二十四年（1935）李书华对云居寺的建筑做了较为清晰的记载（照片见下页）：

> 寺身坐西向东，而略偏于北，地址极为宏大，正门外高度（即海拔）为一三〇米，正门上题有"西域云居禅林"额，门前左右有石狮各一，正门内为天王殿，正中祀弥勒佛一尊，左右为四大金刚。正门之北有大车门一座，寺中人出入均由此门，余等昨夕亦由此门入也。
>
> 天王殿后为毗卢殿，殿前有宽大之院落，左为鼓楼，右为钟楼，中有牌楼三间。牌楼后左右方各竖旗杆一根，又各有白皮松一株，偏北修竹满畦，清翠可爱。
>
> 正中为毗卢殿，殿前右边稍南，有康熙三十七年范阳郡白带山云居寺溟波和尚碑，碑文中多白话。殿前右边稍北，有康熙三十七年范阳白带山云居寺碑。
>
> 毗卢殿后循左或右行登石阶，入门为第二院。此院落亦甚宽大。院中有卧龙松一株，铜香炉一座，正面为大雄宝殿，内塑佛像极精细。
>
> 大雄宝殿后又登石阶，至第三宽大院落。正面为药师殿。院中有丁香树，左右各有康熙时石碑一座。殿内祀药王菩萨八尊，及药师将官十二尊，塑像甚工，寺僧谓此寺中塑像艺术，可称全国之冠，非虚语也。
>
> 过药师殿，殿后亦有石阶，登石阶前行为第四院，院中为弥陀殿。弥陀殿之南有一小院，中有祖师殿，奉本寺中各代和尚之名位。
>
> 弥陀殿后为第五层院，正中为大悲殿，左有戒坛，右有藏经阁。院中有咸丰元年涿州知州郭宝勋撰并书之碑。

> 西域寺中路有五大院落，殿凡六层。每院均较其前一院之海拔为高，寺正门外高度为一三〇米，大悲殿之高度则为一四三米。至各院落之旁，每多跨院，未及一一往游。②

另外，当时云居寺各殿内佛像，传为北平各大寺院第一，方丈室内，有较为精致的两个佛像。对此，陈兴亚记载：

> 其佛像已塑二百余年，精细无比，须眉生动，毫无裂痕，燕都内外，各寺佛像，未有能及之者。其千手千眼佛，内铜外瓷，尤精致。而莲花铜佛，传系印度来者，其花开时，内坐欢喜佛，各瓣各有一佛，闭时则仅莲蕊一朵即不见佛像，此为该寺最宝贵之品，以上二佛皆在方丈室内，其室壁上几上之书画，多系当代名人手笔，古玩金石文具，亦多雅致。僧云，方丈且善书画，索近写之兰与联观之，极有工夫，亦雅僧也。其祖师殿内，有宝坐三，均系树根天然长成，玲珑透澈，皆具龙形，亦希世之珍也。③

（四）云居寺南塔状况

民国时期云居寺的建筑中，比较特殊的是南塔，其于1942年被日军炸毁，除塔基外，其他荡然无存，故后世对它的认识甚少。李书华在游记中对南塔有较为详细的描述：

> 南塔，亦名压经塔，辽天祚帝天庆七年建（西历一一一七年）。塔建于方形地基上，

---

① 陈兴亚. 游房山县西域云居寺日记：寺在房山县西境但须由涿州前往〔J〕. 河北月刊，1935（3-12）：1-2.

② 李书华. 房山游记〔J〕. 禹贡，1936（5-2）：52-53.

③ 陈兴亚. 游房山县西域云居寺日记：寺在房山县西境但须由涿州前往〔J〕. 河北月刊，1935（3-12）：2.

图3 西域寺大门
来源：李书华.房山游记〔J〕.禹贡，1936（5-2）：8.

图4 房山游记西域寺第一院及牌楼
来源：李书华.房山游记〔J〕.禹贡，1936（5-2）：8.

图5 西域云居寺石桥
来源：西域云居寺石桥（照片）〔J〕.铁路公报：京汉线，1922（42）：2.

塔座为八角形，在莲花座上之一层有四门及四假窗户，再上为瓦顶十一层。塔基上有石幢三：一在东北角。一在北面，幢上刻佛像。一在西北角，上为七层，系辽幢，最完整，高约五米，幢上刻有辽天祚帝天庆八年五月十七日建之大辽涿州鹿山云居寺续祕藏石经塔记，记中述刻经之始末甚详。"①

1932年陈兴亚到云居寺一游，对南塔进行了专门探访，有一段重要的描述和发现：

> 到寺午餐后，拟先登南藏经塔，然后游小西天。先是寺僧已联接二梯于塔西窗上，余乃登之，其内容与北塔略似，小佛亦皆不全，四面有窗户，惟级数较高耳。因转而之东窗，则见有一石，横卧窗沿，几欲堕，审视乃藏经号数也。因曳之中央，翻而视之，上右方，字有剥落者，其能辨识者，第一行为葬藏经总经题字号目录，以下皆某字号，某经若干卷，若干帙，共二十六字号，而其后载二十七字号，反覆计数，实足二十六字号，不知何以多载一号。此碑施主，系山西沙门玄英，与史君庆等，为先亡父母求福，造于天眷三年，查天眷为金熙宗年号。据僧言，寺内并不知有此石刻，盖此塔游客，未有登者，仅于年节时，寺僧梯升点灯，并未细察，仅见有石板一块，皆以为必系经版，今日始发见为藏经目录版，认为奇怪之事。余乃告僧，此为最要之古物，宜善为保存云，因记其大略而下。后研究塔之西北东北三石幢，西北之幢，为大辽涿州涿鹿山云居寺藏经塔记，塔下共藏石经，大碑一百八十片，小碑四千八十片，建于天庆七年。②

---

① 李书华.房山游记〔J〕.禹贡，1936（5-2）：53.

② 陈兴亚.游房山县西域云居寺日记：寺在房山县西境但须由涿州前往〔J〕.河北月刊，1935（3-12）：3.

图 6 房山县云居寺压经塔（即南塔）
来源：鹤鸣. 房山县云居寺压经塔（照片）[J].
天津商报画刊，1934（11-37）：2.

图 7 房山县云居寺南塔
来源：房山县云居寺南塔（照片）[J].
中国营造学社汇刊，1935（5-4）：1.

（五）1939 年的惨烈火劫

1939 年，云居寺发生了惨烈的火劫：

> 前岁开坛传戒，功德殊胜，今春寺毁于火，焚殿房五百余间，为数百年未曾有之浩劫。幸石经尚存，为兵燹所不之及，真劫余也。尝见江安傅沅叔先生曾扶杖瞻礼，并题字山中，今闻此厄，吾知其必为之希嘘太息也。己卯夏夜，冷龛敬记。①

遗憾的是，当时文献并没有言明此次火劫的具体缘由。云居寺殿宇不过四五百间，历代遗留之建筑，大多无复存在，几乎全毁于此次火劫，成为云居寺历史上的一大转折点。

云居寺遭遇火灾之后，寺僧仍然坚持苦行。后来，本寺方丈变为衲纯山，1941 年在北京宣武门外观音院继续传戒，当时有两份文献对此做了记载，兹录如下：

> 盖闻人天路上，修福为先，六度法中，布施第一。黄金铺地，长者购太子名园；宝相现光，段令舍荀公故宅。矧三无漏学戒为首，定慧所资；而诸佛如来之遗教，木叉是师。河北房山县西域云居寺者，十方僧众严持戒律，听教参禅之所也。衲纯山仰赖佛恩，住持斯寺，顾欲利导群机，必须敷扬戒法。经云戒为无上菩提本，应当一心持净戒。又云：十方三世诸佛以戒为师。又云：三世诸佛皆从戒法修得。又云：欲得佛法兴，须时时说戒法。
>
> 呜呼！丁兹末劫，至教垂危，修行人如牛毛而得道如麟角者，以毘尼不能严净故耳。纯山有鉴于斯，爰于今秋在西域下院北京观音院创建戒坛，传授戒法，依戒起行，如律行持，寺中十方僧众，惟命是从，只以一切

---

① 董哲香. 云居寺劫余 [N]. 新天津画报，1939-7-22（2）.

所需，度支难继，欲使安居修法，须赖食轮为先，是以募化斋粮，诚为急务。俾香积无断炊之叹，法眷免枵腹之虞，是则破沙盆只手难支，大冶炉众擎易举。

为此启请，十方信施檀越，乐善长者，慨然襄助，由少数至多数，用心田作福田，固本培元，令正法久住，普利于当来。良缘罕遇，功德难宣！仰望仁慈，同声唱和！谨疏。

民国三十年十月一日 西域寺住持纯山 敬募
收款处：北京宣外官菜园上街观音院司房①

河北房山西域云居寺住持纯山，鉴于弘扬佛法，首重戒学，今秋在该寺下院北京宣外官菜园上街观音院，传授千佛大戒。依法定期场五十三天，自夏历八月二十日开堂，十月十三日圆满。期内启建吉祥道场，宣讲全部律仪三坛戒法。闻该寺现有护法檀越天津某居士，为修集福慧广结良缘起见，特发心供养全份衣钵五十三份，以符善财童子五十三参之数。凡我僧众发心求戒者，务须速赴该寺挂号，以免向隅。又该寺对挂号费，一律免收。受戒良机，幸勿错过云。②

从中可以看出当时云居寺在物质上已十分贫困，有断炊之叹，但云居寺僧人仍坚持修行。这两份文献中的第一份，是当时的房山西域寺住持衲纯山亲笔所作，也是笔者所发现的民国时期云居寺僧人的唯一一份亲笔文墨。

1942年，云居寺遭遇日军轰炸。笔者没有发现1942年以后的相关文献和照片。

二、民国时期的房山石经

房山石经藏于山上的石洞（八洞一室，室即雷音洞）和南塔下的地穴中。民国时期藏经洞是一个怎样的情形和状态，与今人所见有无出入和迁改，当时的记录尤其是游记，无疑具有较大的参考价值。

（一）藏经洞数量、十二部经、雷音洞

1. 藏经洞数量

黄炳章先生说："在有关房山石经的碑记和一些文献记载中，对石经洞的数目，不同的年代，不同的碑文，其记载各异。……在近代许多有关房山石经研究的论述中，都疑有其它洞穴尚未被发现。"③1956年挖掘的是9个洞，下层2、上层7。我们看一下民国时的记载：

1916年8月松本文三郎游山，其叙述是"八洞一室"："石经在去云居寺约一里之山腹，是名小西天。有八洞一室，收藏石面雕刻一切经之经石。此不论儒道佛为现存中国石经中规模最大者。"④

1925年署名"心艮"的亦是同样的说法："峰顶为小西天，石经洞凡九，以雷音洞为最大。"⑤

至今未发现民国时期有八洞一室（九洞）以外的说法。

2. 静琬法师拟刻的十二部经（即唐刻经）

对这个问题，今人分歧甚大。黄炳章先生说："当时静琬镌造石经是《华严经》等十二部。但究竟是哪十二部？无从查考。石经山雷音洞内壁镶经版，一向被认为是静琬早期刻经，而闷藏于第

---

① 西域寺下院观音院传戒道场缘起：募化新戒堂斋米疏〔J〕. 佛学月刊, 1941 (1-5): 21.

② 北京观音院传戒近讯：成就衣钵不收戒费〔J〕. 佛学月刊, 1941 (1-5): 32.

③ 黄炳章. 房山石经辽金两代刻经概述〔J〕. 法音, 1987 (5): 19.

④ 松本文三郎. 中国佛教遗物〔J〕. 鞭策周刊, 1932 (2-6): 5.

⑤ 心艮. 房山石经〔J〕. 图画周刊：古迹考, 1925 (5): 40.

七洞的《涅盘经》和第八洞的《华严经》也属十二部之内。"① 管仲乐博士的博士论文《房山石经研究》则认为是《涅槃经》《出家功德经》《华严经》,及《楞伽阿跋多罗宝经》四卷、《思益梵天所问经》四卷及《佛地经》一卷等。②

据心艮如下所述,《大涅槃经》《大般若经》《大华严经》《正法念经》《妙法莲花经》《维摩经》《无量义经》《金刚般若经》等八部唐刻经或许在十二部经之内:

> 隋沙门静琬发愿刻经,藉垂永久,自大业迄贞观,成《大涅槃经》一百二十石。门徒绍其志,历四代至元和四年,成《大般若经》一千五百六十石,有唐刘济石经堂碑志之。复有《大华严经》二百四十石、《正法念经》二百十石、《妙法莲花经》七十七石、《维摩经》三十三石、《无量义经》九石、《金刚般若经》六石,均唐时所刊。辽重修云居寺,续刻《大般若经》二百四十石、《大宝积经》三百六十石。赵遵仁建碑志之。③

1916年8月,松本文三郎游石洞,他认为:

> 房山石经元来刻一切经,……又当时所谓一切经,恐是依据开元录之一千七十六部五千四十八卷。④

3. 雷音洞

1956年发掘时黄炳章先生对它的描述是:

> 宽广如殿,四壁镶嵌:法华经、维摩经、胜鬘经、金刚般若经、佛遗教经、涅槃经、无量义经、弥勒上生经、八戒斋法、华严经净行品、无量义经德行品偈、受菩萨戒法、大王观世音经、贤劫千佛名、十方佛,三十五佛忏悔等146碑石都是静琬早期所刻。洞内有4根石柱,石柱上雕镂1056尊佛像,每尊佛旁都有名号,刻工精致,是石刻的精品。西壁南端下方有元代高丽比丘慧月补刻经版五块和题记。⑤

民国时关于雷音洞的记录,最早的是1916年松本文三郎游山的描述:

> 其一室可入者名雷音洞,广阔约七间与四间,中央有坛,其四隅有石柱上雕佛名及佛像,似为隋代或初唐物,极精巧美妙。四壁嵌入石经,三层或四层,刻法华胜鬘金刚等经。石有大小,总共一百四十六枚,石面磨光如镜,字画端好,雕刊亦一点一划不苟,宛如日本和铜经,使人低徊不忍去。是皆静琬法师所刻云,每字径约一寸,四方施细罫。⑥

蒋维乔1919年记曰:

> 山顶有雷音洞,就洞筑堂,高丈余,深九步,奥之横亦九步,阔十三丈,如箕形,有几案罏瓶之属,皆石为之。三向之壁,皆嵌以石刻佛经,东北壁为全部《法华经》,西壁为杂编,共有百四十八块,故又名石经堂。⑦

1920年蒋叔南游山记录:

> 自此石级西登数步为第六洞,洞较小,洞门一额"宝藏"二字,董其昌所书也。洞西为佛殿,为房山县公署所封锁,其两旁石

---

① 黄炳章. 房山石经静琬刻成涅槃经题记残石考〔J〕. 法音,1990(9):29.

② 管仲乐. 房山石经研究〔D〕. 东北师范大学,2019:47-50.

③ 心艮. 房山石经〔J〕. 图画周刊,1925(5):40.

④ 松本文三郎. 中国佛教遗物〔J〕. 鞭策周刊,1932(2-6):6.

⑤ 黄炳章. 石经山和云居寺〔J〕. 佛教文化,2001(83-93):89.

⑥ 松本文三郎. 中国佛教遗物〔J〕. 鞭策周刊,1932(2-6):5-6.

⑦ 蒋维乔. 大房山记游〔J〕. 小说月报(上海1910),1919(10-8):6.

栅，可以内窥。殿不甚广，两壁皆嵌石经版，殿中八棱石柱四，刻佛像极精，并镌佛名于像旁，为千佛柱，实刻一千二十四位也。①

1935年（未署名）的记录：

> 山上有石堂，东向，方广五丈，曰石经堂，亦名雷音洞。四壁皆嵌以石刻佛经，约二三百石；中四石柱，皆刻佛像。外有露台，三面以石为栏。②

李书华1935年记录：

> 此（即雷音洞）为本山中最大石洞，盖就天然之形势，而稍加以人力之制造而成者。游人可入洞，洞为不规则之长方形，上幔覆，宽约十米，深亦如之。洞之中间，高约二点七〇米，洞之四壁皆嵌以石刻佛经，石块有大有小，共一四五块，大约皆唐时物。洞中有石柱四，皆镌佛像，故有千佛石柱之称，柱皆八角形，其高与洞等。四柱之中，二柱上各刻佛像二七二尊，又二柱各刻佛像二五六尊，此四柱共刻一〇五六尊，为隋唐时所作。③

碑石总数上，松本文三郎记录的是146块，蒋维乔记录的是148块，李书华记录的是145块，出入不大；1935年的记录是约二三百石，差距较大，而1956年挖掘时是146块。石柱佛像总数上，蒋叔南记录的是1024，李书华记录的是1056，1956年黄炳章先生记录的也是1056。

（二）石经山

民国游历石经山者不少，存诸不同时期的详细记录如下：

（1）1920年，蒋叔南来游云居寺及石经山，著有《房山游记》。蒋叔南（1884—1934年），名希召，浙江乐清人，清末光复会、同盟会会员，投身辛亥革命，民国时期知名的旅行家。他在《房山游记》中对石经山有详细的描述和记录：

> 余匆匆观览，急进午餐。觅一张姓老者为导，往观小西天，二时自寺东度溪登山。行约五里，岭旁一古柏之下，一井甚深，水亦清澈，此七名井之第一井也。更上百余步，一佛殿侧转殿左崖下一石洞，大可八尺，封以石门，门上半为栏干式，可以窥望洞内满贮石版，即石经洞也。余以便于记忆之，故名之曰第一洞（笔者注：即黄炳章说的第一洞）。洞内经版能窥见者，一石版之首行，为千手千眼观世音菩萨大圆满大无碍大悲心陀罗尼一卷，又一版为佛说宝雨经卷。第一洞左数步为第二洞（笔者注：即黄炳章说的第二洞），经版之能见者，一版为《大乘大集地藏大轮经》第七；又一版已残，识其为《心经》也。东上抵小西天庵，庵东一石井，圆形，大可丈许，深约二丈，旁均凿痕，则当年采取石料之所也。井东十余步，又一井亦如之，井东十余步为第三洞（笔者注：即黄炳章说的第八洞），经版之能见者，一版为《菩萨络缨（笔者注：原文如此，应为缨络）经》卷第十一。更东念余步为第四洞（笔者注：即黄炳章说的第九洞），洞内一版为《摩珂萨波罗经》卷十三。洞前崖端一亭矗立，乃于亭中小憩，亭东为龙王洞，现为放牛之所矣。更东数十步，沿崖北转，一井口大可二丈，水深黑。导者言，系龙井，山间樵者常见有大龙在此往来，姑妄听之耳。折回，由庵西出，层崖上覆高不四五丈，又得一洞，为第五洞（笔者注：即黄炳章说的第七洞），则完全闭塞，无可窥也。洞右一碑石，上方已剥落，玩其语意，为元至正元年高丽比邱慧月重修石经

---

① 叔南. 房山游记〔J〕. 铁路协会会报，1920（92）：94－95.

② 房山县西域寺小西天全景（照片）〔J〕. 河北月刊，1935（3－1）：1.

③ 李书华. 房山游记（附照片、图）〔J〕. 禹贡，1936（5－2）：56.

山藏经洞石户碑记。又一碑为金（笔者注：原文如此，应为辽）清宁四年进士赵遵仁撰题为涿州白带山云居寺东峰续镌四大部经碑记，兹摘录其大意以知石经之所由来也：金（笔者注：原文如此，应为辽）太平七年枢密直学士韩绍芳牧知是州，尝登峰游览，见石室经碑，召掌寺者询问，均忘底细，乃取出检验，得《正法念经》一部，全七十卷，计石二百十一版；《大涅槃经》一部，全四十卷，计石二百二十条；《大华严经》一部，全八十卷，计二百四十版；《大盘若经》一部，全五百二十卷，计石一千五百六十条。又于左右得古记云：幽州沙门释净琬，精于学识，于隋大业中，发心造石经一藏，以备法灭，乃于白带山石室刻经，藏之石室，既满，即塞以石户，以铁锢之，至贞观十三年奄化。其弟子导公继之，仪公、暹公、法公又继之，仍未毕事。韩公以此上闻，金（笔者注：原文如此，应为辽）圣宗皇帝勅瑜珈大师讳可玄提点修刻。自太平七年至清宁三年，成《大般若经》八十卷，计石二百四十；又《大宝积经》全一百二十卷，计三百六十版，以成四大部，合计二千七百三十条云云。旁竖二碑，皆刻《金刚经》。

自此石级西登数步为第六洞（笔者注：即黄炳章说的第六洞），洞较小，洞门一额"宝藏"二字，董其昌所书也。洞西为佛殿（笔者注：即黄炳章说的第五洞），为房山县公署所封锁，其两旁石栅可以内窥，殿不甚广，两壁皆嵌石经版，殿中八棱石柱四，刻佛像极精，并镌佛名于像旁，为千佛柱，实刻一千二十四位也。更东为第七洞（笔者注：原作此处似有误，应为更西，即黄炳章说的第四洞），洞内所见之版，为《佛说恒水流树经》一卷，此则已在第一二洞之上层矣。更东（笔者注：原作此处似有误，应为更西）为唐僧殿，中塑元奘（笔者注：原文如此，应为奘）法师取经像，而《西游记》之孙悟空、猪八戒牵白马伺于左右，导者谓唐僧取经即在此处，夫乃穿凿附会之甚欤。更西为第八洞（笔者注：即黄炳章说的第三洞），经版能见为《不空罗（笔者注：原文如此，应为羂）索神变真言经》卷二十五，又一版为《陀罗集经》卷第二。至此石栏已尽。折回，至庵右拾级登顶，顶上一石浮图，九层，正方形……①

（2）1932 年陈兴亚游山记。陈兴亚（1883—1949 年），字介卿，辽宁铁岭县人，1910 年日本宪兵学校毕业，1920 年，任国务院谘议。后投靠张作霖，任东三省宪兵司令，1926 年兼任京师警察总监，1928 年，张作霖战败退出关外，陈亦率宪兵回归东北；1931 年"九一八事变"后，随军入关，于北平闲居，解放战争时迁居上海。② 其记曰：

小西天者，即石经山之别名也，距寺五里，在寺东北，不及一小时而至。先观下之半山庵（施茶庵），有明碑，记载在山顶佛殿内发现佛舍利三粒之事甚详。在此少憩，即上游。先参观石经堂下之二洞（笔者注：即黄炳章说的第一、二洞），均封以石扉，极固，由扉梃内视，则见刻经石片累累，大小不一，其字亦有剥蚀者。二洞前中石上，刻有念佛二字，年代人名均无考。再上即至禅室，只一僧一役，已为煮茗，设席少坐，即出禅院北门，参观石井左之二洞，藏经版与堂下二洞同。惟北之一洞（笔者注：似黄炳章说的第九洞），石扉窗梃，已为人毁，令同人钻入视之，其内广不过二方丈，高不过一丈余，经版全系两面刻字，片数不易数。再北有亭一座，柱皆系汉白玉，内地上有牛羊粪，余曾戏曰，此牛羊圈真阔，同人为之大笑。

---

① 叔南.房山游记〔J〕.铁路协会会报，1920（92）：95.

② 王俯民.民国军人志〔M〕.北京：中国广播电视出版社，1992：285.

……入石经堂，路旁古碑甚多，有二大碑，刻《金刚经》及《心经》，以其字体与碑头造像观之，亦是唐刻。又有大契丹国刻碑一，余皆近代之碑。道左有钟楼一，内悬明正德年铸之大钟。道右上有石经洞一（笔者注：即黄炳章说的第六洞），仅有石窗，而无扉，窗上嵌横石一，刻有明董其昌"宝藏"二字。再入一大洞（笔者注：即黄炳章说的第五洞），广有十余方丈，中塑佛像，周围壁上均嵌隋刻石经，共一百七十片，有《莲华经》《金刚经》《无量佛寿佛经》《大方广经》《八戒斋经》《贤劫经》《温室沐浴经》《维摩经》八种；石柱四，径一尺，八面皆刻佛像；北二柱，一面各十六层；南二柱，每面各十七层，均每层刻佛二尊，皆系隋刻。此名千佛洞，旧名雷音洞，即所谓石经堂是也。近洞门之经石，尚完整，愈内则愈剥蚀，以空气不流通故也。肆售之石经拓片，即多系近洞口之前十版，故毫无残缺。至他洞皆封固，不能入拓。

出大洞南行，道中有石井已填。志载，唐刻涿鹿山石经堂记，在雷音洞井亭者，亭早圮，而记刻无片石矣，搜寻久之，毫无所见，问之僧亦不知。南行道愈狭，又有二石经洞（笔者注：即黄炳章说的第三、四洞），此一路之东面，皆树石栏杆，下临绝壁，计算石经洞共八，一开七闭，又名东峰七石室。①

（3）1935年李书华来游记录。李书华（1889—1979年），1913年留学法国，1928年任国立北平大学副校长、兼代理校长，1931—1932年任教育部政务次长、部长。1943—1945年任中央研究院总干事，1948年当选中央研究院院士。②

他的记录收录在《李书华自述》③等著述中，其所见主要文物有明神宗万历时之"石经寺施茶碑"、明熹宗天启时"小西天施茶亭新建石记"，以及清信女宋小儿《金刚经》碑、袁氏《金刚经》碑、唐玄奘法师像一尊。④

（三）遭盗史

民国文献记载了八个密封的洞口被人用药炸毁、经版被盗的历史。八洞所藏的石经版可从洞口窥见，"石经版分贮其中，每洞以石为窗棂，石版近窗者可窥见"⑤（1935年），这就为遭盗或外流埋下了伏笔。在民国时期，石经数次被盗：

> 查民国建元之初，有外人出二千元，购一石经，炸毁洞门，窃去数石。识者惜之。⑥

1916年8月松本文三郎游山记载：

> 此等石经皆穿山腹岩石，作土室，收纳于其内，洞门灌熔铁，上方以石棂隔之，从外部可得而望之。据今日所见，则其内部之石，或卧或立。又其洞窟顶上岩石有破坏成穴之处，而石经断片有藏于诸处者，则有人私将其取出无疑。⑦

1919年蒋维乔游石经洞时记录：

> 今堂上下之石棂，其一皆略有破损，闻某国人用药炸毁，窃取经板，有保存古物之责者，不可不注意及之。……八时，至下庄，

---

① 陈兴亚.游房山县西域云居寺日记：寺在房山县西境但须由涿州前往〔J〕.河北月刊，1935（3-12）：4-5.

② 周川主编.中国近现代高等教育人物辞典〔M〕.福州：福建教育出版社，2012：224.

③ 李书华.李书华自述〔M〕.长沙：湖南教育出版社，2015：180-206.

④ 李书华.房山游记（附照片、图）〔J〕.禹贡，36（5-2）：55-56.

⑤ 房山县西域寺小西天全景（照片）〔J〕.河北月刊，1935（3-1）：1.

⑥ 刘梦庚拆毁西域寺石经：议员为保存文化提出质问〔N〕.大公报天津版，1924-4-20（3）.

⑦ 松本文三郎.中国佛教遗物〔J〕.鞭策周刊，1932（2-6）：3-8.

访拓碑人王大义，购唐碑数纸。①

说明当时房山石经的相关拓片已经商业化，在利益驱使下碑石容易遭到破坏。

1921年，"释范成君亲往调查，见洞内诸经板，诸多损坏，若不及时修整，诚恐日益凋零"。②

1924年，京兆尹刘梦庚拆毁西域寺石经，驼载移京，③1925年，游者心艮记录：

> 余两游其地，见洞外竖以石棍，约略可窥，然多毁损之处。询之寺僧，云前有日本人窃取石经，用炸药轰毁者也；去年京兆尹刘梦庚亦尝令兵拆运数十方至京，伴言保存，实则售卖（闻每方估价千元），旋经议会质问始止。④

1932年，陈兴亚游山时，则更显破败："下仍回禅院饮茶，见辽刻宋宾王诗残石，已作砌墙用，残缺经版，亦有砌墙用与铺地用者。"⑤

其间，发生在1924年4月1日的京兆尹刘梦庚拆运案轰动一时。《申报》1924年4月20日《刘梦庚拆毁西域寺石经：议员为保存文化提出质问》记曰：

> 众议员刘彦、何弼虞、魏肇文、贺昇平、诺们达赖、徐象先、石凤岐等，为京兆尹刘梦庚，派兵拆毁房山县西域寺古代石经，提出质问书一件，原文如下：
>
> 据四月十三日《晨报》《京津时报》等载，京兆房山县西域寺隋代石刻佛经，被军队拆毁运取之事，经详加调查，系本年四月一日，由房山县知事沈严及京兆守备队西路司令张韬，会同谕知该寺僧人，称奉京兆尹刘谕，转奉大总统谕，该石经关系文化，应行查阅保存，迅将石经各块妥送来京，以凭转呈等语，当由该县知事，督同军队，将该寺石经堂箧壁之经，凿卸二十余块，毁损二块，拣运十八块，驼载移京。（移京之石经，为《金刚经》六石、《洗浴终身经》二石）《千佛贤劫经》五石，《陀天经》三石，《八戒斋法》二石，毁损及弃置者为《无量义经》及《教戒经》等。查此项经石，韧刻于隋炀帝大业中，高僧静琬以工程浩大，其嗣法缵志续刊，历唐宋迄元数代始竣事，先后共刊成石板三千七百余块，分置八洞一堂一塔，封锢甚严。据经目所载，多系现经失传经典，志愿之宏伟，缔造之艰难，镌刊之精良，工程之久大，真足震烁古今，为吾国古代文化巨观。自隋迄清，一千三百余年，经历代勒石严禁毁伤，以资保存。不图今日有关文化之古籍、古物及古迹保存，载在宪法之时，该府尹刘梦庚，称奉大总统谕，兴师动众，将该古物毁拆移京，其日奉大总统谕，则无明令可知。曰"迅将石经各块妥送来京"，则不仅拆取二十余块可知。曰"关系文化，应行查阅保存"，果应查阅，遴派妥员往该寺查阅可也，拓印数纸可也，何必兴师动众，拆毁古代工程，远道移京？果应保存，则该石经藏洞箧壁，已保存一千三百余年矣，今一经刘京兆尹之关注，仅取五种，即毁损二种，岂有如此保存之法？查民国建元之初，有外人出二千元，购一石经，炸毁洞门，窃去数石，识者惜之。今刘京兆尹派众拆取石经多块，究系奉大总统明令，抑系别有用意？所云"将石经各块妥送来京"，是否欲将该寺八洞一堂一塔，共数千块石经，全数拆毁移京，

---

① 蒋维乔. 大房山记游〔J〕. 小说月报（上海1910），1919（10-8）：7-8.

② 京华佛讯：（二）房山县之石刻经版发见〔J〕. 海潮音，1921（2-6）：3-4.

③ 刘梦庚拆毁西域寺石经：议员为保存文化提出质问〔N〕. 大公报天津版，1924-4-20（3）.

④ 心艮. 房山石经：石经山全景（照片）〔J〕. 图画周刊，1925（5）：40.

⑤ 陈兴亚. 游房山县西域云居寺日记：寺在房山县西境但须由涿州前往〔J〕. 河北月刊，1935（3-12）：4.

抑仅拆取二十余块而止？又已经毁损及移京之二十余块石经，是否将来仍运还原处，依旧装置？抑或毁损者不理，移京者别有安排？事关文化古物之保存，谨依《议院法》第四十条，提出质问，限政府于一星期内，查明实在情形，明白答覆。①

《申报》1924年4月26日复记曰：

近来京兆尹刘梦庚忽训令房山县知事将洞中石头凿下，运往北京，缘此山诸洞均闭，只有雷音洞敞开，洞高丈余，四壁刻经，四柱刻像，四壁所刻者为《妙法莲华经》，现在丁丁东东，由兵役砍下，所有石刻，都打得七零八落，抛弃洞外，其完整者则由骆驼运至火车站，转运来京，摧残名迹，骇人听闻。……事关文化古物之保存，谨依《议院法》第四十条，提出质问，限政府于一星期内，查明实在情形，明白答覆。提出者刘彦、何弼虞、魏肇文、贺昇平、诺们达赖、徐象先、石凤岐，连署者乐山、胡挚（笔者注：此字原文献模糊）、陈鸿畴、周泽苞、张琴、张浩、黄汝瀛、向元均、孔庆恺、饶芙裳、易次乾、曾庆模、李载赓、罗永绍、张全贞。②

此案调查处理的最终结果，《申报》1924年5月8日文记曰：

自京兆房山县西域寺隋代石刻佛经拆运来京一事发生后，议员方面曾提出质问，闻此项佛经，确由曹锟令京兆尹移运来京，本欲仿三希堂办法，在北海建阁珍藏，现因舆论反对甚烈，决定中止。昨已由房山县知事沈严赴京兆尹公署领运回县仍藏原处矣，所有运来之石经共十八石，计一《金刚经》六石，二《洗浴终贝（笔者注：原文如此，应为身）经》二石，三《千佛贤劫经》五石，四《陀天经》三石，三（笔者注：原文如此，应为五）《八戒斋法》二石。此项石经，系用青石为之，每石厚三公寸有零，惟边际甚薄，约一公寸半或二公寸不等，每石长十八公寸九分，阔十八公寸一分，其刻法有直式、有横式不等，所刻之字，每石廿六行，每行二十六字，每字八分，均介以横直线，所刻之字甚深，笔法又各不同，有苍劲者、有秀逸者、有浑厚者、有朴茂者、有方正活泼者、有铁线银钩者，古色古香，诚非千载下所获有者。③

1924年后，石经洞继续遭受破坏，1956年挖掘时黄炳章对雷音洞的破败情形记载到：

当时我们所处的情景，不禁今昔同感。过去这里还供奉不少石刻佛像，而现在遭到严重破坏。左壁上层一般都认为是静琬最早镌造的《妙法莲花经》十多块都被砸而脱落下来，有的摔成碎片，殿内杂草丛生，靠石窗处砌有一土炕。为清理这个洞堂，拆除土炕，发现许多破碎经版用来代砖砌炕、经拆除后连同洞内外散落的残石碎片，共搜集到八十余块。

此外，"当时（1956年）山上各洞洞门均有不同程度的破坏，第三洞洞门破坏最严重，上半部石门已不存在。"黄炳章还提到："据《续刻寰宇访碑录》载：'大般若波罗蜜多经，杨元弘正书、咸通十五年四月八日，经文四百七十五卷。现已残失，所存者仅四石。'此经残石之一，不知何时流入日本，为松本文三郎所得。"④

此与松本文三郎1916年游山考察可能有关。而黄炳章在该文中提到的来源不明的旅顺博物馆藏的房山石经残石，似与陈兴亚有某些关联。

---

① 刘梦庚拆毁西域寺石经：议员为保存文化提出质问〔N〕. 大公报天津版，1924-4-20（3）.

② 刘彦等质问拆运房山石经〔N〕. 申报，1924-4-26（4）.

③ 房山石经仍运回原处〔N〕. 申报，1924-5-8（7）.

④ 黄炳章. 石经山和云居寺〔J〕. 佛教文化，2001（83-93）：上段89、此段61.

三、民国时期来游及考察等人员

云居寺和房山石经在民国时并非与世隔绝，实来游者众，或为观光或为考察，或慕名或其他。1919年蒋维乔就说过："最著者，曰上方山、石经山，今之游人，亦恒至此二处。"① 其来游者编年记录如下：

1916年8月，松本文三郎来游，著有《中国佛教遗物》（其八月八日上青县云门山大云寺，十日至长清县灵岩寺，八月十一日参拜曲阜孔庙，十二日泰山石经峪，八月二十二日往房山，八月廿七日大同，九月五日到开封，九月十四日到西安）。②

1918年，内务部办理敌侨移居，云居寺为第一处："内务部近依处置敌国人民条规第三条，指定京兆所属房山县之云居寺为第一敌国人民移居地，并派萧俊生充该地管理处长特订管理处章程。"③ 其中，有一著名德侨汉纳根："天津杨警察厅长于日前晋京，系由内务部专电招致。闻内务部以德侨汉纳根在中国居住多年，于中国情形最为熟悉，久为协约国公使所注目。前因该侨患病，未曾移居。此次杨厅长到京部中拟与面商，'令将汉纳根设法移居京西之云居寺'以便管理而免外人口实云。"④ 德侨等居于云居寺，为接触房山石经提供了便利，为西方人了解、研究房山石经创造了机会。

1919年，蒋维乔与冯大稷家（农）、冯三稷雨（涛）游山，有《大房山记游》。⑤

1919年，署名"旨微"来游，有诗《游西域寺》。⑥

1920年，蒋叔南来游，有《房山游记》。⑦

1921年，"释范成君亲往调查，见洞内诸经板，诸多损坏，若不及时修整，诚恐日益凋零……在佛前发誓竭期恢复，并拟约诸同志偕住此山，从事修葺……于阳历六月十四日下午六时在北京象房桥观音寺开会筹画，赞成者众。"⑧

1921年，韩清净和朱芾煌来此闭关三年，精研唯识："又与芾煌发愿研读《瑜伽师地论》，同赴京西房山云居寺闭关，希冀以三万小时为期，贯通瑜伽文义。"⑨ "韩清净来到房山县云居寺，专辟一净室，闭关潜修，如是三年。"⑩

1925年，"心艮"来游。⑪

1930年10月下旬，李书华与徐森玉、徐旭生、顾颉刚、马隅卿、魏建功、庄尚严、常维钧诸先生同游。⑫

1932年，陈兴亚来游，有《游房山县西域云居寺日记》。

1933年，傅增湘来游，有《游房山红螺崄记

---

① 蒋维乔. 大房山记游〔J〕. 小说月报（上海1910），1919（10-8）：1.

② 松本文三郎. 中国佛教遗物〔J〕. 鞭策周刊，1932（2-6）：3-8.

③ 内务部办理敌侨移居：云居寺为第一处〔N〕. 申报，1918-10-5（6）.

④ 厅长晋京之内容〔N〕. 大公报天津版，1918-11-2（6）.

⑤ 大房山记游〔J〕. 小说月报（上海1910），1919（10-8）：1-8.

⑥ 旨微. 游西域寺〔J〕. 新中国，1919（1-7）：247.

⑦ 叔南. 房山游记〔J〕. 铁路协会会报，1920（92）：93.

⑧ 大事记：京华佛讯：（二）房山县之石刻经版发现〔J〕. 海潮音，1921（2-6）：3-4.

⑨ 黄志强等著. 近现代居士佛学〔M〕. 成都：巴蜀书社，2005：567-568.

⑩ 张志军. 河北佛教史〔M〕. 北京：宗教文化出版社，2016：526.

⑪ 心艮. 房山石经：石经山全景（照片）〔J〕. 图画周刊，1925（5）：40.

⑫ 李书华. 房山游记（附照片、图）〔J〕. 禹贡，1936（5-2）：45.

（附照片、篆刻）》①，其"曾扶杖瞻礼，并题字山中"②。

1934年9月，日本人塚本善隆等来游："组织'北支旅行团'，除参观故都之名胜古迹，及文化机关外，更作房山云居寺、明十三陵、云冈石窟寺之游，此《房山云居寺研究》专号，即旅行结果之一也。"③

1935年，"迩来欧美人士，每当春秋佳日，游者尤多，法人普意雅（G. Bouillard）调查石经山云居寺之附近史迹，著有《云居寺志》。日人之游此者，撰为游记公诸世人，为数亦不少。"④

1935年，惠隐来游，有《西山纪游诗：西峪寺》。⑤

1935年，汪震来游，有《西域寺上方山游记》。⑥

1935年10月下旬，李书华与杨克强、白经天、汪申伯复来游，于10月31日，由北平出发，至11月5日乃返，有《房山游记（附照片、图）》。⑦

其他来摄影者尚有多人。1939年春，寺几乎全毁于火。1942年被日军轰炸，南塔几为平地。1939年后无复见来游者记录。1956年发掘出土加以保护。

结　语

民国前期，云居寺是个山明水秀、殿宇尚整的园林式寺院，佛殿收藏有重要的文物及艺术品，是传戒的道场；住持僧先是乐禅，后为衲纯山；1939年遭遇火劫，1942年被日军轰炸，遭到严重破坏。民国时期，房山石经屡被盗窃，很多名流学者对其颇为关注，包括一些日本学者。

本文梳理了云居寺和房山石经民国时期的情态和部分历史事件，希望可以让人们更全面地了解云居寺和房山石经。鉴于相关文献较为缺乏和笔者的才疏学浅，以上研究仍有许多不足，恳请指正。

最后，我要感谢房山石经与云居寺文化研究中心主任罗炤先生的不吝指教，感谢该刊特约编辑王宇女士的反复校对，保证了引用文献的文字准确性。

（作者为湖南第一师范学院
文学与新闻传播学院讲师）

---

① 傅增湘. 游房山红螺岘记（附照片、篆刻）〔J〕. 艺林月刊：游山专号，1933（5-10）.

② 董皙香. 云居寺劫余〔J〕. 新天津画报，1939（7-22）：2.

③ 新书介绍：房山云居寺研究〔J〕. 中华博物协会会报，1935（1-1）：25.

④ 新书介绍：房山云居寺研究〔J〕. 中华博物协会会报，1935（1-1）：25.

⑤ 惠隐. 西峪寺〔J〕. 交大平院季刊：西山纪游诗，1935（2-3）：200.

⑥ 汪震. 西域寺上方山游记〔J〕. 文化与教育，1935（51）：32-34.

⑦ 李书华. 房山游记（附照片、图）〔J〕. 禹贡，1936（5-2）：45-67.

附录

《石经研究》投稿要求及撰稿体例

《石经研究》采用以书代刊的形式出版，每年一辑。投稿注意事项及撰稿体例要求如下：

1. 来稿务必论点明确，文字精炼，征引文献、引用数据准确可靠。

2. 投稿要素（按顺序）：题目、作者姓名、作者单位、电话、地址及邮政编码、中文摘要、关键词（3—8 个）、正文、注释。

3. 适合国际交流推广的文章另需英文信息（题目、作者姓名、摘要和关键词），并建议全文使用标准繁体字。

4. 中英文摘要须用第三人称撰写，英文摘要应和中文摘要对应，并符合英语语言规范。

5. 正文版式请使用 A4 篇幅，格式建议宋体、小四号字、1.5 倍行距；不加书眉；古文献引文请使用繁体字，石经、石刻、铭文的文字保存原样（繁体字、异体字、草书简体字等）。

6. 标题应简短明确，级别限制三级之内，采用"（一）、1、（1）"的形式；段内分层采用"1）"的形式。

7. 帝王年号须加公元纪年，公元前纪年使用"（公元前 ××年）"，公元后纪年使用"（××年）"。例如：甘露二年（公元前 52 年）、上元二年（675 年）。

8. 第一次提及外国人名、地名、书刊名等，须附加原名。

9. 使用图片须有版权所有人正式授权文件，并标明详细出处，或注明自拍。插图除插入正文合适位置外，须将原始图片单独打包发送，图片命名须与正文图注文字一致。

10. 引用其他文献的照片和图片，应首选高分辨率扫描纸本，为保证显示效果和内容准确严谨，要求分辨率不能低于 300 像素/英寸，且以绘制、扫描、拍摄时设定的分辨率为准，请勿采用不提高图片清晰度而单纯提高分辨率设置、增大文件的办法。慎用来源不明的电子版文献。图片上添加文字、线条等标识，要求同时提供不加标识的原始照片。

11. 使用地图须有绘制人、出版社等版权所有相关人的正式授权文件；单位所有权人使用授权书须加盖红章，并注明使用费已由作者支付。

12. 文章注释采用脚注形式，直接使用阿拉伯数字上标形式（¹）。脚注格式如下：

1）普通图书：吴梦麟，张永强．房山石经题记整理与研究〔M〕．北京：文物出版社，2021：316．

2）专著文献：李鸿斌．李渔与北京园林〔G〕//北京市园林局史志办公室编．京华园林丛考．北京：北京科学技术出版社，1996：94—99．

3）论文集：王鸿宾，胡春英．关于《风峪石经》中的武周改字和武则天时期的佛典翻译〔A〕．武则天研究论文集〔C〕，1997．

4）期刊文章：刘畅．故宫藏样式雷图概述〔J〕．故宫博物院院刊，2006，6：120—125．

5）报纸文章：丁文祥．数字革命与竞争国际化〔N〕．中国青年报，2000-11-20（15）．

6）学位论文：管仲乐．房山石经研究〔D〕．长春：东北师范大学博士学位论文，2019：32．

7）原本古籍：〔清〕孙承泽．春明梦余录．清代光绪七年刻本，卷六十四。

13．稿件中凡涉及版权部分，引用前请预先征得原作者或出版者正式同意，引用他人论点或材料，需做明确的注释或说明。来稿文责自负，本刊不负版权责任。

14．来稿一经采用，出版后三个月内支付稿酬，并寄赠样书2册，多个作者的每人1册。

15．电子稿件请发至：13439951061@163.com；

纸质文件请用顺丰快递至：北京市房山区大石窝镇水头村南云居寺文物管理处房山石经与云居寺文化研究中心（邮编：102407；电话：010-61367880）。

图书在版编目（CIP）数据

石经研究. 第六辑／房山石经博物馆，房山石经与云居寺文化研究中心编. - - 北京：华夏出版社有限公司，2023.10

ISBN 978 - 7 - 5222 - 0442 - 0

Ⅰ.①石… Ⅱ.①房… ②房… Ⅲ.①佛教 - 石经 - 房山区 - 文集 Ⅳ.①K877.434 - 53

中国版本图书馆 CIP 数据核字（2022）第 239944 号

石经研究（第六辑）

编　　者	房山石经博物馆　房山石经与云居寺文化研究中心
责任编辑	贾洪宝
特约编辑	王　宇
封面设计	殷丽云
出版发行	华夏出版社有限公司
经　　销	全　国　新　华　书　店
印　　装	三河市少明印务有限公司
版　　次	2023年10月北京第1版　2023年10月北京第1次印刷
开　　本	880×1230　1/16 开本
印　　张	14
字　　数	360 千字
定　　价	198.00 元

华夏出版社有限公司　社址：北京市东直门外香河园北里4号　邮编：100028
　　　　　　　　　　 网址：www.hxph.com.cn　电话：010 - 64663331（转）
　　　　　　　　　　 编辑交流：010 - 64600172；投稿合作：986762145@qq.com

若发现本版图书有印装质量问题，请与房山石经与云居寺文化研究中心联系调换。

房山石经与云居寺文化研究中心地址：北京市房山区大石窝镇水头村南云居寺文物管理处（邮编：102407）